URSULA KARVEN

MIT DANIEL OLIVER BACHMANN

Hexenzauber, Göttinnen und weiße Magie

»Wie Sie alte Rituale, Bräuche
und Essenzen für Ihr heutiges Leben
nutzen können.«

Auf dem Brocken im Harz 2021.

Inhalt

Vorwort
31. Dezember 2020

Langsam rücken die Zeiger der Uhr nach vorn. Noch 30 Minuten bis Mitternacht, noch 20 Minuten, jetzt sind es nur noch fünf Minuten. Dann steht der Jahreswechsel an. Silvester ist ein Fest, das mich schon immer fasziniert hat – im guten Sinne in Form von Ausgelassenheit und Loslassen wie auch manchmal im schlechten Sinne in Form von gruppendynamischem Zwang. Ein Ritual, das rund um den Globus Milliarden von Menschen vollziehen.

Gut, es gibt Ausnahmen, nämlich bei all jenen, die einem anderen Kalender folgen, als wir es tun. Unsere Zeitrechnung verdanken wir übrigens einem römischen Mönch, der vor rund 1500 Jahren lebte und sich ganz der Aufgabe widmete, den genauen Zeitpunkt von Jesu Geburt auszurechnen. Er kam aufs Jahr 754 nach der Gründung von Rom und schlug dieses Datum als Ausgangspunkt für die neue Zeitrechnung vor. Allerdings legte er auf Jesu erstes Lebensjahr die Zahl Eins – aus dem schlichten Grund, dass in der römischen Zählweise keine Null vorkommt. Daran erkennen wir schon, dass wir den Zahlen nicht wirklich vertrauen dürfen. Ohnehin stellt jede Kultur ihre eigene Rechnung auf: Für das Judentum schreiben wir jetzt, da ich diese Worte auf Papier bringe, das Jahr 5781. Muslime befinden sich im Jahr 1442. Und zu der Zeit, als mein Blick dem Zeiger der Uhr folgte, zeigte das Kalenderblatt das Jahr 2020 an. In fünf – jetzt nur noch vier – Minuten würde es auf das Jahr 2021 wechseln. Überall auf der Welt knallen dann die Sektkorken. Menschen liegen sich in den Armen und wünschen sich fürs neue Jahr das Allerbeste. Aber jetzt hier in Berlin steht das Brandenburger Tor ganz verwaist da. Ich selbst bin auch auf keiner Party, sondern mit meinen Tieren zu Hause. Sie werden von diesem seltsam stillen Silvester 2020 profitieren. Die große Knallerei fällt aus – was für die Tiere und die Umwelt eine enorme Erleichterung ist. Uns Menschen dagegen wird dieses erste verbindende Ritual des neuen Jahres fehlen, weil ein Virus unser Leben verändert hat. Ich bin gespannt, was das Virus noch alles mit uns macht.

Doch in diesem Jahr ist alles anders.

Stehen Rituale wie Silvester überhaupt noch für etwas, oder pflegen wir sie nur aus Gewohnheit? Vielleicht stellen wir im Laufe des Jahres fest: Moment mal, da fehlt uns wirklich was! Wie ist es mit den ausgefallenen Osterprozessionen, den Begräbnissen, bei denen Familien nicht anwesend sein dürfen, und all den verschobenen Hochzeiten? Wie ist das mit dem Mann oder der Frau, die nach dreißig, vierzig

Stehen Rituale noch für etwas, oder pflegen wir sie nur noch, weil wir es gewohnt sind?

Jahren Arbeit in den Ruhestand gehen, und niemand ist da, der diesen wichtigen Übergang mit ihnen begeht?
In diesem Moment rückt der Zeiger auf Mitternacht vor. Die erste Minute des Jahres 2021 beginnt. Und in genau diesem Augenblick fasse ich einen Entschluss: Ich werde mich im kommenden Jahr intensiv mit Ritualen und Essenzen beschäftigen. Die Zeit will es so, und ich will es auch: Ich möchte herausfinden, welche Rituale uns noch wichtig sind, welche wir vergessen haben und wie Rituale uns helfen können, durch eine Zeit zu kommen, die so anders ist als alles, was wir kennen. Was können wir im kleinen Kreis oder privaten Rahmen tun, wenn ein Massenritual wie Silvester buchstäblich ausfällt?
Das sind die ersten Fragen, die mir durch den Kopf gehen – und so sehen mich die ersten Minuten des neuen Jahres am Tisch sitzen, mit einem Block vor mir und einem Kugelschreiber in der Hand.
In den letzten Monaten war schon zu spüren, dass sich etwas Grundlegendes in unserem Land, ja auf der ganzen Welt veränderte. Die Pandemie hatte zur Folge, dass unser ganzes System ins Wanken geriet. Vieles, was wir zeitlebens gekannt und auf das wir uns verlassen

hatten, war nun neu, anders und nicht mehr verlässlich. Für zahlreiche Menschen brach eine Zeit noch nie dagewesener Unsicherheit an, die uns bis ins Mark erschütterte.

Wie gehen wir zuversichtlich ins Ungewisse?

Wenn ein System kippt, kann es nicht so leicht wieder zurückgekippt werden – damit beschäftigt sich gerade die gesamte Wissenschaft. Was können wir selbst tun? Die Vergangenheit zu beklagen hilft uns nicht weiter. Eine unsichere Zukunft zu planen ebenfalls nicht. Jetzt heißt es mehr denn je, in der Gegenwart zu leben. Das »Jetzt«, das »im Moment sein«, »den Augenblick genießen« – das sind unsere Rettungsanker, wenn sich ein System verabschiedet und ein neues System beginnt. Was dieses bringen wird, weiß niemand, auch wenn es in diesen Tagen viele Propheten gibt, die das behaupten. Wer allerdings ganz und gar in der Gegenwart lebt, der braucht diese Propheten gar nicht. Der weiß und spürt von tief innen heraus, auf was es jetzt gerade ankommt.

Mir kommt in den Sinn, dass mich Menschen, die mich gut kennen, so manches Mal »Heilerin« nennen, weil sie wissen, wie sehr mir die Verbindung mit magischen Pflanzen- und Tierwelten am Herzen liegt und wie sehr ich an die heilenden Kräfte der Pflanzen glaube. Wie auch all jene Frauen, die Jahrhunderte vor mir an Pflanzenheilkräfte glaubten und die es nicht so gut hatten wie ich, weil sie von Hexenjägern – wie dem aus Rottweil stammenden Johannes Spreter – gequält und umgebracht wurden. Einer der Schlimmsten seiner Sorte war der Dominikanermönch Heinrich Kramer, der den

»Hexenhammer« verfasste. Mit diesem »malleus maleficarum« folgte er einem Befehl von Papst Innonzenz VIII., der 1484 die Inquisition von Personen befohlen hatte, die der Hexerei verdächtigt wurden. Von nun an war der Denunziation Tür und Tor geöffnet. In dieser Zeit großer sozialer Unterschiede, mit existenzbedrohenden Ereignissen wie Missernten, wirtschaftlichen Krisen und Seuchen, waren es vor allem die Armen, die Bettler oder nicht der Norm entsprechenden Personen, die unter Verdacht gerieten, mit dem Teufel im Bunde zu sein. Manchmal genügte es, eine Frau mit grünen Augen zu sein, eine Heilerin, eine Hebamme oder einfach nur schön zu sein, wie Simone de Beauvoir schon feststellte. Die Folge war die »peinliche Befragung«, also die Folter, und der Tod durch das Feuer.

Gott sei Dank ist diese schreckliche Zeit vorbei, doch ich spüre den großen Wunsch, die Kraft der alten Bräuche, Rituale und Essenzen wiederzuentdecken und in unserem modernen, schnellen Leben zu nutzen. Ich wünsche mir, dass dieses Wiederentdecken diesem Buch Kraft und Energie schenken wird. Denn so viel sei schon verraten: Dafür ist das Wissen ja da, das uns die alten Göttinnen, ihr Zauber und ihre weiße Magie schenkten: Sie wollten uns helfen, uns leiten und uns Halt geben.

Aus diesem Grund habe ich auch beschlossen, dieses Buch im Jahreskreis aufzubauen. Es soll uns jeden Monat, jede Woche und jeden Tag daran erinnern, wo wir gerade stehen. Sie können das Buch von vorn bis hinten durchlesen, und Sie können die wichtigsten Dinge auch in den jeweiligen Monaten immer wieder nachschlagen.

Ich bin im Sternzeichen der Jungfrau geboren, und man sagt mir einen gewissen Ordnungssinn nach. Bei mir führt er dazu, dass ich heute schon darüber nachdenke, was morgen alles zu tun ist. Übertragen auf das Buch möchte ich Ihnen gern ans Herz legen, falls Sie die Kapitel nicht auf einen Rutsch durchlesen: Schauen Sie trotzdem schon mal nach, was im nächsten Kapitel auf Sie zukommt. Das lohnt sich auch deshalb, weil Sie dadurch vorbereitet sind. Manchmal brauchen Sie nämlich etwas Bestimmtes für ein Ritual, und es wäre doch schade, wenn dann Hektik ausbricht. Was Sie übrigens immer parat haben sollten, sind schöne Kerzen.

Kerzenmagie fürs ganze Jahr

Kerzenschein und Kerzenglanz werden uns das ganze Jahr über begleiten, denn ich liebe Kerzen und die Magie, die sie verbreiten. Deshalb schaffe ich mir Anfang des Jahres immer zwölf besonders ausgewählte Kerzen an. Meine sind in einer Größe, von der ich weiß, dass die Kerze einen Monat lang hält, wenn ich sie täglich entzünde. Ich wähle die Farbe Weiß, weil ich die Kerze farblich dem jeweiligen Monat anpassen möchte. Es macht große Freude, diese Kerzen bunt wie einen Regenbogen zu gestalten: Meine Mai-Kerze wird oft grün, die im August male ich meistens gelb an, im März wähle ich die Farbe Rot. Das soll aber keine Regel sein: Nehmen Sie einfach die Farben, nach denen Ihnen der Sinn steht. Mit Kerzenmalstiften, die es im Bastelladen gibt, schreibe ich zu Beginn des Monats ein Wort auf die Kerze, das mich wie ein Motto durch die Tage begleitet. Zum Beispiel wähle ich das Wort »Loslassen« für den Januar, »Mut« für den Februar und »Neuanfang« für den März, da sich bei mir in diesem Monat die Lebensgeister wieder besonders zu regen beginnen.

Victoria: Die Siegesgöttin bringt Frieden.

JANUAR

Ein gutes neues Jahr: Verheißung im Dunkel

»Die Zeit zwischen den Jahren«: So nennen wir die Tage zwischen Weihnachten und Neujahr. Häufig sind es verwirrend schnelle Tage. Gerade erst sind die Weihnachtsfeiern vorbei und der ganze Stress vor Weihnachten. Wir sehnen uns nach Ruhetagen, da geht es auch schon wieder los. Alle haben frei, alle möchten sich gerne sehen. Berlin bebt, und ständig klingelt das Telefon: Eine Einladung hier, eine andere dort – eigentlich schöne Dinge, und trotzdem sagen Körper und Geist: Willst du das wirklich?

Früher, als Rituale uns Menschen auf dem Weg durchs Leben noch weitaus mehr geprägt haben als heute, war dies die Zeit der Raunächte: Zwölf von ihnen gibt es zwischen dem 24. Dezember und dem 6. Januar, wobei jede Nacht für einen Monat des nächsten Jahres steht. Ich werde im Dezemberkapitel auf ihre besondere Magie eingehen. Doch schon jetzt sei gesagt, dass diese Raunächte sogenannte Losnächte sind, wobei das Wort »los« von »losen« kommt – was wiederum »vorhersagen« bedeutet – und nicht etwa von »loslassen«, wie ich dachte, weil ich beim »Lose«-Kaufen garantiert immer die Nieten gezogen habe und mein Geld weg war …

Bei meinen Mediationen habe ich das Loslassen immer als die vollkommene Hingabe verstanden. Das Gefühl, das damit verbunden ist, möchte ich auch bewahren und einfach nur die Vorhersage dazunehmen. Und daher hat man den Vorkommnissen in diesen Tagen und Nächten eine besondere Bedeutung beigemessen. Wie ist es also zu betrachten, wenn wir heute in genau diesen Tagen einen Termin nach dem anderen wahrnehmen?

Licht und Wärme ins winterliche Leben bringen

»Wir sehen uns wieder im neuen Jahr!«, rufen wir zwischen Weihnachten und Neujahr Freund*innen zu, wenn wir uns von ihnen verabschieden. Ich gebe zu, für mich ist das nicht die leichteste Zeit. Nicht, weil ein neues Jahr beginnt, sondern schlicht und einfach, weil wir uns mitten im Winter befinden. Ich mag weder die Kälte – und Berlin hat davon eine Menge zu bieten –, noch bin ich ein Freund der Dunkelheit. Schon deshalb verbringe ich viel Zeit damit, Wärme und Licht in mein Leben zu bringen. Ich dekoriere die Wohnung so, dass ich überall angenehme Lichtquellen habe, und entzünde viele Kerzen. Das erlaubt mir, bei Lust und Laune eines meiner Lieblingsrituale durchzuführen. Es heißt Tratak-Ritual und kommt aus der Tradition des Yoga. Dieses Ritual schenkt uns eine besonders schöne Art, uns zu sammeln, und reinigt dabei auch noch unsere Augen. Gerade im Winter, wo wir aufgrund der Heizungsluft trockene Augen haben, wirkt das Tratak-Ritual besonders wohltuend.

Das Tratak-Ritual

Das Sanskritwort »trataka« bedeutet »auf etwas schauen«. Damit ist anschaulich beschrieben, um was es hier geht. Entzünden Sie eine Kerze an einem zugluftfreien Platz. Setzen Sie sich bequem davor. In vielen Meditationsübungen schließen wir die Augen, doch bei Tratak blicken wir mit geöffneten Augen und ganz entspanntem Blick in die Kerzenflamme. Dabei atmen wir ruhig ein und aus. Versuchen Sie, nicht zu zwinkern. Falls Ihre Augen nach einer Weile zu tränen beginnen, lassen Sie es zu. Der Reinigungseffekt ist beabsichtigt. Wenn Sie ein Brennen spüren, schließen Sie bitte eine Zeit lang die Augen. Nehmen Sie wahr, wie die Flamme leuchtet und wärmt. Durch diese punktuelle Konzentration wird der Geist konzentriert, was für eine tiefe Entspannung sorgt.

Für mich kann es zu Beginn eines neuen Jahres kaum ein schöneres Ritual geben.

Nach einer Weile senken Sie die Lider, ohne die Augen ganz zu schließen. Nun sehen Sie die Flamme wie einen Stern. Jetzt dürfen Sie die Augen schließen und das Bild dieses Sterns auf sich wirken lassen – holen Sie gleichsam sein Licht nach innen. Falls Ihnen das

Bild nach einer Weile verloren geht, öffnen Sie die Augen wieder ein wenig und wiederholen Sie das Ritual. Zum Abschluss reiben Sie Ihre Hände fest aneinander, bis sie schön warm sind. Legen Sie die Handflächen sanft auf die Augenhöhlen und genießen Sie die Wärme an den Muskeln rund um Ihre Augen.
Richten Sie dann Ihre Aufmerksamkeit auf Ihr Ajna-Chakra, das »dritte Auge«. Es liegt genau auf dem Punkt zwischen den Augenbrauen. Dieses Chakra verbindet die Hypophyse mit dem Gehirn und fördert Menschlichkeit und Spiritualität. Stellen Sie sich vor, wie es Ihnen gelingt, diese beiden wunderbaren Aspekte unseres Daseins das ganze Jahr hindurch zu leben. Für mich kann es zu Beginn eines neuen Jahres kaum ein schöneres Ritual geben.

Wie gute Vorsätze lange leben

Was für mich wie eine Energiedusche wirkt, ist das Thema Vorsätze. Stöhnen Sie jetzt innerlich auf? Ja, wenn wir ein gewisses Alter erreicht haben, über das wir jetzt nicht sprechen wollen, haben wir schon mehr als einmal Vorsätze gefasst. Ganz oben auf der Hitliste steht: »Ich höre mit dem Rauchen auf. Und belohne mich nicht mehr mit Süßigkeiten. Außerdem steht ab heute – gut, ab morgen – tägliches Joggen auf dem Programm und natürlich auch Yoga. Einmal im Monat besteige ich den Mount Everest ohne Sauerstoffmaske.« Zum Glück für unsere Gesundheit probieren wir Letzteres erst gar nicht aus. Gejoggt wird dagegen schon, aber jeden Tag, jetzt mal ehrlich? Und die Sache mit den Süßigkeiten und dem Rauchen? War da was? Warum funktioniert es nicht mit den Vorsätzen im neuen Jahr? Die

Antwort ist einfach: Wir sprechen nur den Kopf an. Ohne Körperbasis sind Strategien und gute Vorsätze wie Luftblasen, die jederzeit platzen können – und das tun sie am liebsten noch im selben Monat. Darüber gibt es sogar Statistiken: Bei der Mehrheit der Menschen halten die guten Vorsätze fürs neue Jahr einen Tag bis einen Monat. Immerhin – wir hätten es in den Februar schaffen können …
Oder aber wir tun etwas dafür, damit es anders wird. Wir verfestigen unsere Vorsätze. Auch dafür sind Rituale da.
Widmen wir uns erst einmal der Frage, was ein Ritual eigentlich zum Ritual macht. Viele verbinden damit ja einen religiösen Brauch oder uralten Mythos, von dem sie mal gehört haben. »Rituale – du meinst, so was wie bei den Mayas?« kann eine Frage lauten. »Nein!«, lautet meine Antwort. »Es ist viel einfacher. Es ist viel leichter!« Ja, leicht ist das richtige Wort.

Ein Ritual darf sich federleicht anfühlen.

Oftmals ist ein Ritual da, bevor wir es bemerken. Denken Sie nur an Ihren Frühstückskaffee. Oder den Tee, den Sie sich morgens mit Bedacht aufgießen. Gerade am Beginn des Tages lieben wir unsere Rituale. Für viele Menschen sind sie nicht wegzudenken, da mag die Uhr sie noch so sehr zum Aufbrechen zwingen. Bei mir ist es die morgendliche Yogasession. Ein Glas heißes Wasser, das ich jeden Morgen trinke. Und dann der erste Espresso des Tages. Es muss viel passieren in der Welt, damit ich mir diese Rituale nicht gönne. Damit kommen wir zum

Punkt: Für mich persönlich ist ein Ritual eine sich wiederholende Handlung mit einer emotionalen Bedeutung, die meinem Leben Struktur verleiht.
Natürlich kann das ein religiöser Brauch sein, und wir werden noch über einige sprechen. Doch das Ritual kann eben auch der Frühstückskaffee sein – sofern wir ein Gefühl mit ihm verbinden. Schlucken wir ihn emotionslos runter, ist es kein Ritual, sondern Routine. Der Unterschied liegt darin, ob wir etwas dabei empfinden – und was wir dabei empfinden.
Damit schließt sich der Kreis, warum die meisten Vorsätze fürs neue Jahr nicht funktionieren wollen. Weil beim Fassen des Vorsatzes kein Gefühl damit verknüpft wurde. Wenn ich mich am 1. Januar hinsetze, um Ziele festzulegen, sorge ich dafür, dass ich meinen Gefühlen freien Lauf lasse. Der Ausdruck »in sich hineinfühlen« klingt mitunter bemüht, doch er trifft den Nagel auf den Kopf.
Angenommen, ein Mensch möchte sich im neuen Jahr von Zigaretten verabschieden. In sich hineinzufühlen bedeutet, sich der Frage zu stellen: Wie fühle ich mich, wenn ich Zigaretten rauche? Okay, nicht so gut, sonst gäbe es keine Motivation, damit aufzuhören. Das ist der Status quo, nun kommt die Zukunft: Wie fühle ich mich, wenn ich ein Jahr lang nicht mehr geraucht habe? Sich diesem Gefühl hinzugeben manifestiert und festigt das Vorhaben.
Daher liegt es auf der Hand, sich nicht allzu viel auf einmal vorzunehmen. Manche Ratgeber sprechen davon, nur einen Vorsatz zu fassen. Ich gönne mir mehrere – allerdings auch, weil ich dieses Ritual seit vielen Jahren durchführe und daher weiß, dass ich in der Lage bin, die Gefühle für alle meine Vorsätze zuzulassen.

Das Ritual der wirklich guten Vorsätze

Dafür mache ich es mir kuschelig und schön. Kerzen verbreiten ein warmes Licht. Die Tiere sind in der Nähe. Wenn Ihnen nach Musik ist, machen Sie Musik an. Wo immer Sie sich wohlfühlen, ist der richtige Platz für das Ritual der Vorsätze.

Als Erstes notiere ich auf einem Blatt Papier die neue Jahreszahl. Ich achte darauf, dass ich die Zahl nicht zuvor schon einmal aufgeschrieben habe. Ich mache das mit viel Schwung und Energie. Danach notiere ich mir vier kurzfristige Ziele und vier langfristige Ziele.

Was kann ein kurzfristiges Ziel sein? Bei mir war es in diesem Jahr, den Januar zu nutzen, um mich von einigem Überflüssigen zu trennen, das sich in der Wohnung angesammelt hatte. Eines der langfristigen Ziele war, dieses Buch zu schreiben.

Jedes Mal, und das ist wichtig, versetzte ich mich in die Gefühlswelt, die ich beim Erreichen dieses Ziels spüren werde. Mich von Überflüssigem zu trennen weckte ein Gefühl der Erleichterung in mir. Das Gefühl zu spüren, dieses Buch bereits in Händen zu halten, obwohl ich noch nicht einmal damit begonnen hatte, rief ein Gefühl von positivem Stolz hervor.

Habe ich das Blatt ausgefüllt, falte ich es und verwahre es an einem geschützten Ort. Und zwar genau drei Monate lang. Erst dann schaue ich wieder nach. In der Regel habe ich dann alle kurzfristigen Ziele abgeschlossen. Bei den langfristigen bin ich dran. Wieder gewähre ich mir die entsprechende Gefühlswelt.

Manchmal ist ein Ziel plötzlich nicht mehr wichtig. Das ist okay. Oder ich darf es ein wenig nachjustieren. Wunderbar! Denn auch dieses Ritual ist die Umsetzung meines Leitspruches: Richtige Magie versorgt uns mit frischer Energie. Das ist ein ganz einfaches Prinzip.

» Energy flows where attention goes. «

MILTON ERICKSON

Dies gab mir einer meiner Yogalehrer in Los Angeles damals mit auf den Weg: »Die Energie fließt dahin, wohin wir unsere Aufmerksamkeit lenken.« Besser kann man es nicht ausdrücken.

Im Januar, also im Monat des Janus, gönne ich mir dieses Ritual das erste Mal. Dann wiederhole ich es im April, im Juli und im Oktober. Nicht nur der kurzfristigen Ziele wegen und weil langfristige Ziele justiert werden wollen, sondern weil es mir Freude macht. Es macht Spaß zu sehen, was wir erreicht haben und was noch vor uns liegt. Dazu kommt, dass die Wiederholung die Handlung auch wieder zum Ritual macht. Wenn man so will, ein Ritual im Ritual.

Und was steckt hinter dem Wegstecken des Zielezettels? Das Geheimnis liegt im Unterbewusstsein. Der Volksmund sagt »Aus den Augen, aus dem Sinn« – was er aber damit meint, ist: aus den Augen, aus dem Verstand. Wir wollen nicht jeden Tag über die Machbarkeit unserer Ziele grübeln und damit den Zweifeln Raum geben, am Ende die Oberhand zu gewinnen mit der Befürchtung: »Das schaffst du eh nie!« Stattdessen packen wir den Zielezettel weg und übergeben ihn dem Universum. Sie können auch Gott dazu sagen oder »es in den Kosmos stellen«.

Auf psychologischer Ebene passiert dabei Folgendes: Unser Gehirn richtet sich nach Gedanken aus, die emotional aufgeladen sind. Bei vielen Menschen sind das leider oft negative Gedanken. Nach dem Gesetz der Anziehung sorgen diese negativen Gedanken dafür, dass sie auch manifestiert werden.

Darauf basiert das starke Ritual der Dankbarkeit (siehe zum Beispiel Seite 54). In unserem Fall haben wir nun insgesamt acht positive Gedanken, nämlich unsere Ziele, aufgeschrieben und weggepackt. Das genügt. Unser Unterbewusstsein ist nun gut versorgt und kann sich an die Arbeit machen. Denn genau das ist sein Job. Auf diese Weise geschehen die vielen kleinen und großen Wunder unseres Alltags. Positive Gedanken sorgen dafür, dass sie manifestiert werden.

Ich darf immer mal wieder vor Glück strahlen, wenn eine Freundin mir begeistert von einer entsprechenden Erfahrung erzählt. Meistens beginnt so eine Geschichte mit dem Satz: »Du wirst es nicht glauben, aber ohne dass ich etwas dazu beigetragen habe, ist etwas Tolles passiert.« Dann folgt die Schilderung dessen, was ihr Unterbewusstsein für sie erledigt hat. Vielleicht wäre es an der Zeit, dass wir uns bei unserem Unterbewusstsein bedanken?

» Was du denkst, bist du.
Was du bist, strahlst du aus.
Was du ausstrahlst, ziehst du an. «

BUDDHA

Von wohltuenden Energien

In seiner Rede an den damaligen Präsidenten der Vereinigten Staaten von Amerika, Franklin Pierce, im Jahr 1855 antwortete Häuptling Seattle auf die Forderung, Land zu verkaufen: »Lehrt eure Kinder, was wir unsere Kinder lehren: Die Erde ist unsere Mutter. Wenn Menschen auf die Erde spucken, bespucken sie sich selbst. Denn das wissen wir, die Erde gehört nicht den Menschen, der Mensch gehört zur Erde.« Aus diesem Grund war den Indianern auch der Gedanke völlig fremd, dass man die Erde verkaufen könnte. Wie sollte das denn gehen?

»Wenn wir nicht die Frische der Luft und das Glitzern des Wassers besitzen – wir könnt ihr sie von uns kaufen?«, fragte Chief Seattle folgerichtig. »Vielleicht könnten wir es verstehen, wenn wir wüssten, wovon der weiße Mann träumt«, fuhr er fort, »welche Hoffnungen er seinen Kindern an langen Winterabenden schildert.«

Diese Worte wirken auf mich im Januar besonders, wenn die Winterabende bereits am Nachmittag beginnen und bis zum nächsten

Vormittag dauern. Deshalb nehme ich mir gerade im Januar die Zeit, in mich hineinzuhorchen: Was sind meine Träume? Die haben oft nichts mit den kurz- und langfristigen Zielen zu tun, sondern spielen sich auf einer anderen Ebene ab. So träume ich im Januar von Winden. Von warmen, weichen Winden, die meine Seele streicheln.

» Der Indianer mag das sanfte Geräusch des Windes, der über eine Teichfläche streicht, und den Geruch des Windes, gereinigt vom Mittagsregen. «

HÄUPTLING SEATTLE VOM STAMM DER DUWAMISH

Wann haben wir diesen Geruch zum letzten Mal genossen? Lange ist es her, und nicht nur, weil es Winter ist. Sondern weil wir die kostbare Luft oft nicht wahrnehmen. »Der weiße Mann scheint die Luft, die er atmet, nicht zu bemerken«, meinte der Chief – und hat er nicht recht? Können wir es noch fühlen, dass der Wind uns den ersten Atem gibt und unseren letzten empfängt?
Ich habe zu Winden eine sehr ambivalente Beziehung. Den eiskalten Ostwind, der Berlin im Januar zu einem unwirtlichen Ort machen kann, empfinde ich mitunter wie einen Gegner – und doch trägt auch er eine Botschaft in sich. Wie alle Botschaften der Winde können wir diese nur verstehen, wenn wir den Wind selbst wahrnehmen. Daher ist das Windritual für uns sehr wichtig.

Das Windritual

Sie können es draußen oder drinnen durchführen. Natürlich gerne an einem schönen Platz in der Natur, auf einer Lichtung, am Ufer eines Sees oder auf dem Gipfel eines Hügels. Doch auch in den eigenen vier Wänden können wir die Winde zu uns einladen. Darum geht es in diesem Ritual: Ich lade alle Winde zu mir ein und bitte sie darum, mit mir in Eintracht zu sein. Viel zu oft lassen wir uns von Ereignissen verwehen wie Blätter im Wind. Das ist nicht die Schuld des Windes, denn er tut nur, was seine ureigene Aufgabe ist: Er transportiert Luft von Hoch- zu Tiefdruckgebieten.

Das machen auch manche Ereignisse mit uns: Sie stoßen uns aus dem schönsten Hochgefühl in tieftraurige Momente. Da gilt es standhaft zu sein, so wie wir uns am Strand an einem windigen Tag den Böen entgegenstemmen. Diese Böen, diese Stürme, aber auch sämtliche weichen säuselnden Winde, von denen Chief Seattle sprach, lade ich zu mir ein. Ich sage: »Mit euch Winden will ich in diesem Jahr in Eintracht leben. Komme, was wolle, der Wind steht immer richtig für mich.«

Dabei rufe ich das Gefühl hervor, das ich verspüre, wenn der Wind für mich richtig ist. Dieses Gefühl kennen Sie aus Situationen, wenn alles wie am Schnürchen läuft. Rufen Sie sich so eine Situation in Erinnerung. Nehmen Sie dieses wunderbare Gefühl auf, wenn Sie sagen: »Mit euch Winden will ich in diesem Jahr in Eintracht leben. Komme, was wolle, der Wind steht immer richtig für mich.«

Soll dieser Satz laut ausgesprochen werden? Überhaupt, wirken Rituale erst, wenn wir sie laut sprechen? Darüber gibt es, wie über so vieles, unterschiedliche Ansichten. Ich bin ein praktisch denkender Mensch und mache immer wieder folgende Erfahrung: Wenn mir der Sinn danach steht, ein Ritual laut auszusprechen, tue ich es. Ist mir danach, es zu denken und zu fühlen, mache ich das. Und mitunter habe ich Lust, die Worte mit Tönen zu unterstützen. Dann singe ich es. Das Ritual wirkt auf all diese Weisen. Es ist neutral wie das Universum, das uns umgibt. Denn das Universum selbst ist meinungslos. Es kategorisiert nicht in Begriffen wie »gut« oder »schlecht«, »positiv« oder »negativ«.

Das Universum ist nicht wählerisch: Es verstärkt jede Art von Energie.

Aber es reagiert auf Intensität. Es schickt uns mehr von dem, wohin wir Energie geben. Daher bekommt der Jammerer noch mehr, über das er jammern kann. Der Freudvolle bekommt noch mehr Freude. Das ist der Grund, warum wir unsere Wünsche ans Universum direkt, unverschnörkelt und mit viel positiver Energie aussprechen sollen.

Und es ist der Grund, warum wir den vielen schlechten Nachrichten, die auf uns einprasseln, keinen Raum geben dürfen: Sonst schickt uns das Universum noch mehr davon.

Beim Windritual stimmen wir uns daher positiv auf den Einklang mit den Winden ein. Was, glauben Sie, schickt uns das Universum zurück? Viele positive Gefühle, egal woher der Wind in diesem Jahr wehen wird. Und wenn Sie trotzdem mal die Traurigkeit überkommt in diesem Monat – und natürlich wann immer das unterm Jahr passiert –, möchte ich Ihnen noch die folgende Meditation ans Herz legen. Mir hilft sie immer sehr.

Meditation gegen Traurigkeit

Setzen Sie sich auf einen Stuhl, am besten mit einer Lehne, in dem Sie sich geborgen fühlen. Ich bin da gerne barfuß, aber auch dicke Socken erfüllen ihren Zweck. Hauptsache, Sie haben es warm und

Sehnsucht nach dem Licht.

bequem. Stellen Sie die Füße auf den Boden und spüren Sie, wie Sie dabei fest verwurzelt sind. Legen Sie Ihre Handflächen auf die Oberschenkel. Nun schließen Sie die Augen sanft und atmen fünfmal tief durch die Nase ein und laut durch den Mund wieder aus – ganz so, als ob Sie mal so richtig Dampf ablassen wollten. Bei mir klingt das meistens wie ein sehr tiefer Seufzer.

Danach werden Sie still und lassen den Atem langsam bei sich ankommen. Sitzen Sie schön aufrecht und kippen nicht nach hinten oder vorn? Das ist gut! Spüren Sie die Oberfläche, auf der Sie sitzen, und wie Ihre Füße mit der Erde verwurzelt sind? Wunderbar! Bitte atmen Sie weiter durch die Nase ein und aus und spüren Sie dabei, wie Wärme entsteht. Ihre Hände auf den Oberschenkeln sind entspannt, und Sie empfinden, wie Sie getragen und gehalten werden.

Im nächsten Schritt visualisieren Sie einen kleinen Sonnenfleck mitten in der Brust. Wie eine Spiegelung der Sonne auf der Haut, so kann das aussehen. Holen Sie diesen Sonnenfleck nach innen herein. Visualisieren Sie, wie er nun in Ihrem Brustkorb leuchtet. Atmen Sie gleichmäßig weiter und nehmen Sie dabei das Leuchten wahr. Ganz langsam breitet sich der Sonnenfleck in Ihnen aus. Im ganzen Oberkörper, in den Schultern und Armen, in den Händen. Er strahlt auch nach unten in die Beine und Füße. Es gelingt Ihnen, dieses Sonnenlicht auszudehnen und wie eine Aura um sich herum erstrahlen zu

Licht, Wärme und Ruhe tragen Sie immer in sich.

lassen. Wenn dabei Gedanken kommen, dürfen sie das. Lassen Sie sie einfach wieder gehen. Kehren Sie zur Visualisierung des Lichtes zurück. Fühlen sich Rückenmuskeln und Pomuskeln entspannt an? Sind Sie weiter gut verankert? Ihr Kopf und die Nackenmuskeln sind entspannt, das Kinn ist parallel zum Boden, sodass der Kopf nicht zu weit nach hinten oder vorn kippt. Lassen Sie die Gedanken los, die sicher schon wieder kommen wollen.

Visualisieren Sie das Licht in Ihrem Körper und um Ihren Körper herum. Freuen Sie sich daran, wie Sie strahlen.

Dann dürfen Sie langsam wieder die Oberfläche spüren, auf der Sie sitzen, und den Boden unter Ihren Füßen. Auch die Hände auf den Oberschenkeln nehmen Sie wahr, während Sie langsam zurückkehren. Wann immer Sie dazu bereit sind, öffnen Sie Ihre Augen. Genießen Sie die Ruhe in sich selbst.

Von Hausgeistern und hilfreichem Budenzauber

Erinnern Sie sich an das Märchen der Gebrüder Grimm vom armen Schuster? Den das Schicksal derart gebeutelt hatte, dass ihm nicht mehr blieb als das Leder für ein letztes Paar Schuhe? Jeder von uns kennt die Situation, weder ein noch aus zu wissen in der Not. Doch weil der Schuster ein gutes Gewissen hatte, legte er sich nach getaner Arbeit zu Bett, und siehe da: Am nächsten Morgen standen die Schuhe sauber verarbeitet auf dem Tisch. Als er sie verkaufte, bekam er so viel Geld dafür, dass er Leder für zwei Paar Schuhe erwerben konnte. In der kommenden Nacht geschah dasselbe, und am Tag darauf konnte er die zwei Paar Schuhe verkaufen und noch mehr Leder

erwerben. So führte eines zum anderen, bis unser armer Schuster ein wohlhabender Mann war.
Da kam ihm die Idee, nachts aufzubleiben, um zu sehen, wer wohl immer die Arbeit machte. Und schon kamen sie angehuscht, Punkt Mitternacht: zwei nackte Männlein, denen des Schusters Arbeit so flink von der Hand ging, dass es eine wahre Freude war. Nun hatten der Schuster und seine Frau ein gutes Herz, und die Männlein waren nackt und bloß – kein Wunder, dass sie auf die Idee kamen, ihre hilfreichen Geister mit Kleidern zu versorgen.
Darüber freuten sich die Männlein sehr, zogen sich an und sangen: »Sind wir nicht Knaben glatt und fein, was sollen wir länger Schuster sein?« Schon waren sie weg und wurden nie wieder gesehen. Doch dem Schuster und seiner Frau ging es von da an weiterhin gut … und wir wissen, wie die Sache endet: Wenn sie nicht gestorben sind, dann leben sie noch heute.
Das Märchen der Brüder Grimm ist ein schönes Gleichnis, das einen Satz unterstreicht, der immer wieder meinen Alltag bereichert:

**» Magie ist frische Energie
für eine stagnierende Situation. «**

Das ist auch beim Schuster der Fall. Er steht buchstäblich in einer Sackgasse, um ihn herum sind nur Wände. Wer von uns hat das nicht schon mal erlebt? Doch auf einmal kommt Magie ins Spiel,

und die Wände weichen zurück, wie von Zauberhand aufgelöst. Wer dafür sorgt? Es sind die nackten Männchen aus dem Märchen, die nichts anderes verkörpern als unsere guten alten Schutzgeister.
Als *Genii loci* bezeichnete man diese Hausgeister in der römischen Mythologie: Gemeint waren damit die Schutzgeister des Hauses und des Herdfeuers sowie alle anderen kleinen und größeren Wesenheiten, mit denen wir zusammenleben. Sie alle wohnten in den vergangenen Zeiten ganz selbstverständlich mit unterm Dach.
Und heute? Mal Hand aufs Herz: Wenn wir unserer besten Freundin davon erzählen, dass ein Hausgeist unsere Arbeit erledigt hat, was wird sie darauf sagen? Und wenn wir dazu erwähnen, dass es zwei nackte Männlein waren …? Nein, in unserer westlichen Welt haben Hausgeister keinen Platz mehr.
Schauen wir dagegen in den Osten, in den Kulturbereich der Slawen, finden wir heute noch viele Geschichten über *Domovoi*, wie die Hausgeister dort genannt werden. Vielleicht, weil es in dieser Kultur auf dem Land noch viel häufiger als bei uns Häuser mit offener Feuerstelle gibt? Denn Wichtel, Hausgeister, Laren und Penaten und wie sie sonst noch genannt wurden sammeln sich gerne an diesem wichtigen und wärmenden Ort. Deshalb schenkte man ihnen gerade im Januar besondere Aufmerksamkeit. Die Menschen stellten ihren Hausgeistern einen Teller mit Gebäck hin und ein Getränk wie starken Kaffee oder Tee.
In alten Schriften finden wir oft den Satz: »Hausgeister sind keine Kostverächter.« Das bringt mich zum Schmunzeln, denn damit ist ja nur gemeint, dass sie die guten Dinge des Lebens zu schätzen wissen. Was kann es Besseres geben?

Ritual für unsere Hausgeister

Spielen wir doch einmal mit dem Gedanken, dass es die Hausgeister noch gibt. Sie wohnen nicht nur in alten Schlössern und Herrenhäusern draußen auf dem Land – nein, sie sind auch in modernen Wohnungen unserer Städte anzutreffen: Was wäre zu tun, wenn wir mit ihnen in Kontakt treten wollen? Sie brauchen ja nicht gleich die Bügelwäsche zu erledigen, obwohl das sicher auch schön wäre. Doch gäbe es uns nicht ein angenehmes Gefühl, wenn unterm Dach Mensch, Tier und wer auch sonst noch da ist in Harmonie zusammenleben? In diesem Fall richten Sie sich am besten in der Küche einen kleinen Platz für diese guten Geister ein. Er muss weder groß noch auffällig sein, dafür sollte er mit Liebe eingerichtet werden: Ein schönes Tuch und eine besondere Kerze schaffen die richtige Atmosphäre. Stellen Sie dann eine schmackhafte Speise dazu, die gerne herzhaft oder süß sein darf. Falls Sie des Räucherns kundig sind (siehe Seite 130), nutzen Sie im Januar den Wacholder.
Aus den alten Sagen wissen wir, dass Schutzgeister den Kontakt mit Menschen nie scheuten. Wenn Sie ihnen daher nun einen Platz in Ihrer Wohnung eingeräumt haben, nehmen Sie doch Kontakt auf.
Wie ich das mache? Auch hier antworte ich mit einem Schmunzeln: Das ist kein Hexenwerk! Reden Sie mit ihnen! Das mache ich auch. Ich will wissen, wie es ihnen geht und was sie so umtreibt. Ertönt dann als Antwort eine geheimnisvolle Stimme aus dem Nirgendwo? Nein, das nicht – doch häufig vernehme ich eine leise Stimme in mir. Weil sich Hausgeister nun mal am liebsten mit unserem Zuhause beschäftigen, kann es gut sein, dass diese innere Stimme mir

rät, welcher Ecke in meiner Wohnung mal wieder eine kleine Erneuerung gut zu Gesicht stehen würde. Wo soll ich einen frischen Blumenstrauß hinstellen? Wo wäre ein Bild angebracht?
Schutzgeister wollen es schön haben, und vor allem wollen sie, dass wir es schön haben. Denken Sie an die Wichtelmänner des Schusters. Sie führen nichts Böses im Schilde, im Gegenteil: Sie helfen ihm aus der Patsche. Sie sorgen für Erneuerung, ganz nach dem Motto, dass ich oben schon erwähnte: Schutzgeister stehen für diese Art von Magie, die frische Energie in stagnierende Situationen bringt. Und von dieser Energie können wir im Januar gar nicht genug kriegen.

Hausgeister wollen es schön haben – und dass wir es schön haben.

Schneeglöckchen: erste Blumenfreude im Jahr.

FEBRUAR

Reinigung und Erneuerung

Es ist nicht von der Hand zu weisen, dass der Februar uns als Reinigungsmonat dienen kann, denn schon die Römer feierten in diesem zweiten Monat des gregorianischen Kalenders ihre großen Reinigungsfeste. Und so steckt auch im lateinischen Ausdruck »februum« die Bezeichnung »Reinigung« drin. »Ist das nicht zu früh?«, fragen mich immer wieder Menschen. »Also wir machen unseren Frühjahrsputz erst im März oder sogar im April.« Die Antwort liegt in den Kräften verborgen, die auch im Mondkalender stecken. Jeder weiß, dass die Ergebnisse fürs Pflanzen, Waschen, Haareschneiden oder von Operationen sehr viel besser werden, wenn wir uns am Mondkalender orientieren. Die Waldbauern im Schwarzwald und anderen waldreichen Gebieten haben schon immer die Kraft des Mondes genutzt. »Wer sein Holz um Christmett fällt, dem sein Haus wohl zehnfach hält«, sagte der Volksmund, und deshalb schlug man das beste Bauholz im Advent bei fallendem Mond. Sägeholz dagegen wird bei zunehmendem Mond im Sternzeichen Fische gefällt, da es dann nicht von Schädlingen befallen ist. Für schwundfreies Holz, zum Beispiel für Musikinstrumente, ist der Sankt-Thomas-Tag am 21. Dezember zwischen 11 und 12 Uhr ein guter Zeitpunkt. Und im Februar eignen sich alle Abende nach Sonnenuntergang im abnehmenden Mond. Holz, das am 2. Februar geschlagen wird, fault und wurmt nicht und wird mit dem Alter steinhart.

Der richtige Zeitpunkt ist wichtig für alle unsere Befindlichkeiten und Tätigkeiten.

Ich freue mich immer auf den Beginn des Monats, weil am 1. Februar eines meiner Lieblingsfeste gefeiert wird, das ich mit Ritualen und der Verwendung besonderer Essenzen begehe. Es ist eines der vier großen Mondfeste im Jahreskreis und heißt Imbolc. Das Wort stammt aus dem Altirischen und bedeutet Rundum-Waschung – schon sind wir also wieder beim Reinigungsfest angelangt. Da es zwischen Sonnenuntergang und Sonnenaufgang gefeiert wird, gibt es Fackelumzüge und viel Kerzenlicht. Genau das Richtige für mich! Zwar sind die Februartage schon wesentlich länger, doch manchmal hat die wieder erwachte Helligkeit Berlin vergessen, und dann darf ich wieder einmal meine Kerzen ins Spiel bringen. Tun Sie das auch! Selbst die katholische Kirche hat dieses alte Brauchtum als Lichtmess übernommen. Es ist der Tag, an dem in den Kirchen die Kerzen geweiht werden.

Magische Melisse

Ich habe immer einen Topf mit Zitronenmelisse auf der Fensterbank stehen. Das ist ein ganz wunderbares Kraut, das die Araber mit nach Spanien gebracht haben. Von da aus verbreitete sich die Melisse über ganz Europa, was auch daran liegt, dass man keinen grünen Daumen braucht, damit sie gedeiht. Hin und wieder gießen, wenn nötig ein wenig düngen, und wird das Kraut zu krautig, immer mal wieder zurückschneiden – mehr Pflege braucht sie nicht. Doch umso mehr gibt sie uns.

Frische grüne Kraft fürs ganze Jahr.

Am besten ernten wir die jungen Blätter. Ein Tee daraus wirkt erfrischend, beruhigt trotzdem die Nerven und fördert unseren Schlaf. Ich gebe frische Melissenblätter auch gerne in Salate und Soßen, zu Süßspeisen und Fischgerichten.

Doch das ist beileibe nicht alles: In der Zitronenmelisse steckt auch echte Hexenkraft: Seit Jahrhunderten hilft sie uns bei Liebeskummer. Der ist ja nicht auf die leichte Schulter zu nehmen, das wissen alle, die je darunter gelitten haben. Tröstende Worte reichen da nicht, doch etwas Melissentinktur auf den Brustbereich geträufelt oder ein Kissen mit getrockneten Melissenblättern auf der Brust wirken Wunder.

Im Februar säe ich die Melisse aus, ziehe sie auf dem Fensterbrett groß und freue mich zwischen Juni und August über eine reiche Ernte. Dann trockne ich gleich eine entsprechende Menge, um für die dunkle Jahreszeit ausreichend versorgt zu sein.

Die Kraft der Natur belebt uns aufs Neue

Jetzt tauchen draußen Gott sei Dank schon die ersten zarten Frühlingsboten auf: In der schamanischen Tradition gelten die Schneeglöckchen als Mittler zwischen der Winterzeit und dem Aufbruch in den Frühling. Daher werden sie auch Lichtmessglöckchen genannt. Wenn Sie die Möglichkeit haben, einen kleinen Strauß zu pflücken, stellen Sie ihn neben die erste selbst gestaltete Kerze, Ihre Februar-Kerze. Lassen Sie diese von der Dämmerung bis zum Morgengrauen brennen, natürlich so geschützt, dass nichts passieren kann. Ich selbst trage sie zuvor durch meine Wohnung, damit alle Ecken einmal von ihr ausgeleuchtet werden können, und stelle sie dann, damit auch wirklich rein gar nichts passieren kann, ins Spülbecken.

Da es im Reinigungsmonat Februar auch um die energetische Reinigung geht, können wir uns einen neuen Freiraum für positive Veränderungen schaffen. Dafür steht uns auch heute noch die Göttin Juno Februata zur Verfügung, die ab Mitte des Monats im alten Rom mit zahlreichen Festen geehrt wurde. Kein Wunder, denn sie ist die Göttin der Liebe und der Leidenschaft – und die Menschen beobachteten, wie die Kraft der Natur auch in ihrem Leben wieder Einzug hielt. Um sie herum begannen die Vögel ihre Paarungszeit, was die Frauen zum Anlass nahmen, die Göttin Juno Februata mit Blumen zu beehren. Die Männer wiederum brachten ihren Frauen Blumen, da diese als Vertreterin der Göttin galten.

Das Fest der Wölfin

Zu dieser Zeit wurde auch das »Fest der Wölfin« begangen. Die »Lupercalien« gehen noch auf den Mythos zurück, dass die Göttin Acca Larentia die Zwillinge Romulus und Remus, die Erbauer Roms, in der Lupercal-Grotte gesäugt habe. Bei diesem Fest durften Frauen und Männer erotische Spiele ausprobieren. So schrieben Frauen ihren Namen auf Papyrusstreifen, warfen diese in einen Kelch, aus dem die Männer dann einen Zettel zogen. Das auf diese Weise entstandene Paar ging daraufhin eine Beziehung ein, in der vor allem die Urkraft der Schöpfung gefeiert wurde. Sie galten dann als vorübergehend verheiratet, bis im Jahr darauf das nächste »Fest der Wölfin« anstand.

Eine Wölfin lässt sich nicht ganz zähmen.

Mit der Verbreitung des Christentums als Staatsreligion hatte es bald ein Ende damit, denn die kirchliche Obrigkeit stand den Lupercalien kritisch gegenüber. Im Jahr 494 war es so weit: Papst Galasius verbot das Fest – oder besser gesagt, er tat das, was die Kirche immer sehr geschickt machte: Er wandelte das sinnliche Fest um in ein Fest zur »Reinigung der Jungfrau Maria«. In diesem Spiel der Polaritäten galt die Frau auf einmal als unrein durch die Menstruation und vor allem durch die Geburt. Aus einem lebensgebenden und lebensbejahenden Akt wurde auf diese Weise durch patriarchalische Hand ein Reini-

gungsritual, das nichts mehr mit der ursprünglichen Kraft des »Juno Februalis« zu tun hatte.
Seit jener Zeit wird in der christlichen Welt am 2. Februar das erste der sieben Marienfeste im Jahreskreis gefeiert: Mariä Lichtmess schließt sich nun an Mariä Purificatio, die Reinigung der Gottesmutter, 40 Tage nach der Geburt Jesu an. Das alte mosaische Gesetz wurde damit wiederbelebt, nach dem die Frau nach der Geburt sieben Tage unrein ist und weitere 33 Tage nicht an heiligen Handlungen teilnehmen darf – gebiert sie ein Mädchen, dauert diese Frist sogar 80 Tage, weil sich dann die Mutter gleich stellvertretend für die Tochter mitreinigt.
Trotz alledem ist Mariä Lichtmess für mich ein wunderbarer Tag geblieben. Ganz sicher auch deshalb, weil sich die uralten Kräfte der Rituale unserer Vorfahren selbst mit noch so machtstrotzenden Verboten nicht unterdrücken lassen. Die Liebe und die Fruchtbarkeit sind stärker, weil wir uns an sie erinnern und sie heute wieder mit modernen Ritualen in Erinnerung rufen.

Ritual: Das kleine Fest der Liebe mit geliebten Menschen

Rufen wir uns in Erinnerung, dass ein Ritual zum Ritual wird, weil wir unser Bewusstsein damit verankern. Indem wir ihm Energie geben, kann es uns durch das Universum mannigfaltige Energie zurücksenden. Davon profitieren wir beim Ritual »Das kleine Fest der Liebe mit geliebten Menschen«. Es geht natürlich – wie alle Rituale in diesem Buch – ganz einfach.

Nehmen Sie einen Tag im Februar, der Ihnen angenehm erscheint, und laden Sie an diesem einige geliebte Menschen zu sich ein. Das haben Sie sicher schon häufiger gemacht – doch dieses Mal verstärken Sie Ihr Bewusstsein mit dem Gedanken, dass es sich um ein Ritual handelt. Gestalten Sie Ihre Einladung besonders liebevoll. Lassen Sie Ihre Gäste wissen, dass es sich um ein kleines Fest zu Ehren des Reinigungsmonats Februar handelt. Machen Sie schön sauber, bevor die Gäste eintreffen, auch in Form eines Rituals. Wenn Sie gern Ihre Wohnung räuchern, können Sie das ebenfalls vorher tun. Stellen Sie schöne Blumen auf und zünden Sie Kerzen an.

Bitten Sie jeden Gast, einen Gedanken zu äußern, was er sich in diesem Monat »von der Seele reinigen« will. Sprechen Sie gemeinsam darüber, ohne zu kritisieren und ohne Ratschläge zu erteilen – einfach, indem Sie Ihre Unterstützung geben. Sie werden merken, wie sehr Sie selbst dadurch gestärkt werden. Vermeiden Sie an diesem Tag, über Politik zu sprechen, Konflikte aller Art und sonstige Streitigkeiten. Gehen Sie besonders liebevoll miteinander um.

Sind die Gäste gegangen, schicken Sie Ihren Dank in einer kleinen Meditation an das Universum. Bedanken Sie sich dafür, dass Sie die Energie des Rituals in mannigfaltiger Form zurückbekommen.

» Du wirst immer lieben
und du wirst immer geliebt werden. «

OSCAR WILDE

Buntes Treiben und Neubeginn

Von dem starken Wunsch des Volkes, sich gegen die Zwänge der Obrigkeit und der Kirche aufzulehnen, erzählen uns im Februar auch die Rituale uralter Fasnet- und Karnevalsbräuche. Es ist das Schwellenfest am Vorabend der Fastenzeit. Das italienische Wort »carnelevare« weist auf das »Fleischwegnehmen« hin, während das vor allem im Bayerischen gebräuchliche »Fasching« von »vastschanc« kommt, dem Ausschenken des Fastentrunks. Dabei treffen in diesen Tagen Teufel, Narr und Tod in Schlüsselrollen aufeinander. Davon zeugen die Larven und Masken, die vor allem in der schwäbisch-alemannischen Fasnet in bunter Vielfalt zu bewundern sind.

Wenn wir glauben, am Aschermittwoch sei alles vorbei, fängt es anderenorts erst an. Im Markgräfler Land, ganz im Südwesten von Deutschland, und im angrenzenden Basel feiert man jetzt die »Alte Fastnacht« oder auch »Bauernfastnacht« genannt. Am Sonntag Laetare werden vor allem im Alpenraum die Strohpuppen verbrannt. Jeder verbindet damit das Verbrennen des Winters und die Begrüßung

des Frühlings. Das Ritual hat aber noch eine andere Bedeutung. Eigentlich geht es auf das »Todaustragen« zurück, das sich auf die Bibel bezieht (Lukas 7,11–16): »Als Jesus nahe an das Stadttor kam, siehe, da trug man gerade einen Toten heraus.« Mit dem alten Brauch wird auf die Überwindung des Todes durch den Erlöser hingewiesen, der an Ostern mit seiner Auferstehung den Tod besiegte.
Bei den Karnevalsumzügen an Rhein und Main bekommt man mich nicht zu Gesicht. Ich feiere Fasnacht persönlich im Kleinen und lade Sie herzlich dazu ein. Denn es geht darum, »über die Schwelle« zu treten – sei es, um mit dem Fastenritual zu beginnen oder eine lästige Angewohnheit abzustreifen, die dem eigenen Wesen im Grunde nicht entspricht. Was meine ich damit? Manchmal lohnt es sich, in sich zu gehen und sich zu fragen: Mache ich dies oder jenes, weil ich es will oder weil andere es »normal« finden? Wie viele Menschen rauchen oder greifen zum Handy, nur weil in ihrer Umgebung geraucht und zum Handy gegriffen wird? Und das sind nur zwei Beispiele.

Verabschiedungsritual für die Fastnachtstage

Für dieses Ritual brauchen Sie nicht mehr zu tun, als in sich zu gehen und einige der lästigen Gewohnheiten genauer anzuschauen, die wir alle mit uns herumtragen. Wenn Sie fündig geworden sind, schreiben Sie sie auf ein Papier. Nehmen Sie ein feuerfestes Gefäß und eine Kerze. Entzünden Sie diese und verbrennen Sie das Papier im Gefäß. Je nachdem, ob Sie gerne laut sprechen, lieber singen oder in stillen Gedanken bleiben wollen, manifestieren Sie dabei diesen Abschied mit dem Satz: »Liebe Angewohnheit, hiermit verabschiede ich mich für alle Zeiten von dir.«

Das Geheimnis des Valentinstags

Am 14. Februar findet der Valentinstag statt, der nicht, wie manche behaupten, von der Lobby der Blumenhändler erfunden wurde. Doch wann immer so ein Tadel aufkommt, ist ein Fünkchen Wahres dran. Auch der Valentinstag erscheint uns häufig nur noch in seiner durchkommerzialisierten Form, bei der die Freude verloren geht.
Dabei reicht dieser Brauch weit zurück – manche Quellen meinen, bis zu Papst Gelasius, der in einigen Biografien als der dritte afrikanische Papst bezeichnet wird und womöglich ein Ritual aus seiner alten Heimat zu neuem Leben erweckte.
Doch auch grausame Geschichten um den Märtyrer Valentin von Rom, dessen Reliquien in den Katakomben von San Valentino aufbewahrt werden, spielen eine Rolle. Im gesamten Mittelalter war diese Kirche ein wichtiger Wallfahrtsort, vor allem wegen der mit Blumen gekrönten Schädelreliquie. Von dort aus verbreitete sich der Gedenktag über die ganze Welt. Vielleicht haben Sie Freude daran, diesen Tag wie ich auf eigene Art und Weise zu feiern?

Mein Valentinsritual mit Licht und Düften

Natürlich hole ich mir an diesem Tag Blumen in die Wohnung. Ich lasse sie wie kleine Wiesen-Inseln wirken. Blumen sind Lichtfänger, und ich stelle mir vor, wie sie dieses Licht auf mich übertragen.
Bei schönem Wetter mache ich einen ausgiebigen Spaziergang, bei dem ich alle Sinneseindrücke besonders innig empfange. Der März steht vor der Tür und mit ihm das vollständige Erwachen der Natur.

Shiva und Parvati: vereint als göttliches Paar.

MÄRZ

Schaffensdrang und Dankbarkeit

»Im Märzen der Bauer die Rösslein einspannt …« Wie oft haben wir dieses Lied gesungen, gesummt oder die Melodie von uns hin gepfiffen. Ich mag es seit meiner Grundschulzeit, vor allem auch deshalb, weil man es so schön im Kanon singen kann. Übrigens ist es gar keines der uralten Volkslieder, denn die erste Version stammt aus dem Jahr 1905. Trotz der Industrialisierung, die Deutschland damals schon lange erfasst hatte, war die Landwirtschaft noch der wichtigste Erwerbszweig. Wie sehr sie von Handarbeit geprägt war, erzählt dieses Lied: »Er ackert, er egget, er pflüget und sät und regt seine Hände gar früh und noch spät«, lautet ein Vers darin. Wir können uns vorstellen, wie die Landwirte nach einem langen Winter mit Freude ihre Hände gerührt haben. In unseren Breitengraden waren sie in den alten Zeiten mehrere Monate lang aus Witterungsgründen zum Nichtstun gezwungen – was zum Beispiel im Schwarzwald die Entstehung der Uhrmacherkunst förderte. Die ersten Uhrenmacher in der Region waren Bauern, die die langen Winter dazu nutzten.

Im März, wenn der Mittagspunkt der Sonne schnell höher steigt und sich die kalte und dunkle Jahreszeit mit der warmen und hellen trifft, ist es leicht, zu neuen Ufern aufzubrechen. Es ist kein Wunder, dass die Römer für sehr lange Zeit das Jahr mit diesem Monat begannen. Natürlich stand der März im alten Rom auch unter dem Zeichen ihres Kriegsgottes Mars, von dem der Monat seinen Namen hat.
Doch Mars hatte eine doppelte Rolle inne, denn er war gleichzeitig der Gott des Frühlings. Sein Geburtstag wurde am 1. März gefeiert, ebenso wie der Geburtstag seiner Mutter Juno, die ihn der Sage nach durch den Duft einer Frühlingsblume empfangen hat.

> » Im Frühling
> wachsen auch die Taten. «
>
> ABA ASSA

In die zweite Hälfte des Monats fiel dann die Hochzeit von Mars mit Neria, der Göttin der Ehe. Und die ganze Zeit über verehrte man ihn als Ahnherrn der Naturgeister und von allem, was die Sonne hervorbrachte. Darin ähnelte er dem griechischen Apollo, der unter anderem die Aufgaben wahrnahm, das Vieh vor Schaden zu schützen, die Ernte vor Unwetter und die Menschen vor Seuchen und Krankheiten.
Doch Mars – und da kommt wieder der Kriegsgott ins Spiel – hat immer auch den Tod in seinem Gefolge. Oder anders ausgedrückt:

Mars weist uns auf das Alte und Verkommene hin, von dem wir uns im März lösen können, um uns Neuem zuzuwenden und unser Potenzial auszuschöpfen.

Das Shiva-Prinzip: Leben und Tod sind eins

Leben und Tod bedingen sich gegenseitig, der Tod ist nichts Endgültiges. Darüber sind schon viele dicke Bücher geschrieben worden. Philosophen aller Kulturen haben das bis ins Detail durchdacht und doch keine Antworten gefunden. Alle großen Religionen versprechen eine Art Weiterleben nach dem Tod, jede auf ihre Art. Doch von all diesen Dingen will ich gar nicht sprechen. Mich interessiert der kleine, ganz persönliche Bereich – also die sichtbaren Dingen, die wir in unserem Alltag erleben. Wie zum Beispiel in der Zeit, als ich in Malibu lebte. Schon damals wurde Kalifornien regelmäßig von Waldbränden bedroht. Ich saß dann auf gepackten Koffern, bereit, das Haus fluchtartig zu verlassen. Auch auf der Mittelmeerinsel Mallorca sind die Feuer ständig ein Thema. Wer einmal so eine abgebrannte Fläche gesehen hat, der denkt, dort könne nie wieder etwas wachsen und gedeihen. Dann fällt Regen, und schon kurze Zeit später ist es, als würde die Natur ringsum explodieren. Es ist ein Wunder, das uns sprachlos macht, andächtig und demütig!
Die ersten Pflanzen, die sich nach einem solchen Brand wieder ansiedeln, nennt man Pionierpflanzen. Es sind meist die stärksten Heilkräuter überhaupt. Fast erscheint es, als würden sie auskundschaften, ob die Luft wieder rein ist. Folgen dann weitere Pflanzen, ziehen sich die Pionierpflanzen zurück und machen ihren Nachfolgern Platz.

Wer in die Wüste reist und dort einen Regenfall erlebt, kann diese immense Kraft der Natur aus nächster Nähe bewundern. So ist die Kalahari zwar eine der trockensten Wüsten der Welt, aber dennoch gibt es dort über 1200 Pflanzen. Einige wie die *Welwitschia mirabilis* werden mehr als 1000 Jahre alt. Andere wie der Kameldornbaum kommen jahrelang ohne Wasser aus. Fällt dann der Regen, steht man innerhalb kürzester Zeit inmitten eines Blumenfelds mit gelben, roten und blauen Blüten, die so schnell aufblühen, als befinde man sich in einem Zeitraffer. All das symbolisiert Shiva für mich.

Leben entsteht, erhält sich und vergeht wieder, und das alles ist Glück.

Shiva ist neben Brahma und Vishnu einer der drei Hauptgötter des Hinduismus. Er steht für die gegenseitige Bedingung von Leben und Tod. Shiva bedeutet auf Sanskrit »Glücksverheißender«, weil er zum einen die Schöpfung und den Neubeginn verkörpert, zum anderen die Erhaltung und Zerstörung. Das bedeutet: Leben entsteht, erhält sich und vergeht wieder, und das alles ist Glück. Wir Menschen sind also dafür geschaffen, glücklich zu sein. Es liegt an uns, diesen Zustand zu erreichen – das ist, was uns das Shiva-Prinzip sagen möchte.

Das radikale Ritual des Trennens

Manchmal darf man auch etwas kräftiger zulangen – eben so, wie es im Märzen der Bauer von früh bis spät macht. In unserem Fall wollen wir uns noch einmal dem Überflüssigen in unserem Leben widmen. Ausgehend von dem weisen Satz »Wir besitzen die Dinge so lange, bis sie uns besitzen«, wollen wir uns von dem trennen, was wir schon lange nicht mehr brauchen und das uns die Energie raubt. Das Ritual beginnt am Geburtstag des Mars, also am 1. März, und es endet erst am letzten Tag des Monats, also am 31. März.

»Weg damit!« Vergessen Sie nie, wie gut das tut.

Wie immer ist das Ritual einfach, aber nicht leicht: Beginnen Sie am 1. März damit, sich von etwas zu trennen, das Sie nicht mehr brauchen. Wie Sie's bereits kennen, machen Sie sich diese Trennung ganz bewusst. Fühlen Sie die Leichtigkeit, die entsteht, wenn wir unsere Umgebung entrümpeln.

Am nächsten Tag trennen Sie sich von zwei Sachen, am dritten Tag von drei, am vierten Tag von vier. So fahren Sie fort, bis Sie sich am 31. März auf einen Schlag von 31 Dingen trennen. Am Ende des Monats fehlen 496 Dinge, die am Anfang des Monats noch da waren. Fühlen Sie die Leichtigkeit, die entstanden ist! Wenn Sie sich all dieser Dinge bewusst entledigt haben, ist nun sehr viel Raum entstanden für Neues. Damit meine ich Ihr Potenzial. Wir können uns nur entfalten, wenn wir Platz haben – das ist sowohl wörtlich als auch im übertragenen Sinne gemeint.

Der Dornröschenschlaf der inneren Kräfte

Was verstehe ich unter dem Begriff »Potenzial«? Gemeint ist das, was oft unentdeckt in uns schlummert und unser Leben bunter, reicher und erfolgreicher machen kann. Als ich den Weg als Schauspielerin einschlug, konnte ich nicht ahnen, dass ich eines Tages gleich zwei Yogaausbildungen abschließen würde. Ich wusste auch noch nichts davon, dass es Teil meines Lebens werden würde, ein eigenes Unternehmen aufzubauen. Weder hatte ich einen blassen Schimmer davon, dass ich Bücher schreiben würde, noch dass ich eine erfolgreiche Petition für das Ende von Gewalt und Belästigung in der Arbeitswelt ins Leben rufen würde. Doch all das steckte in mir und wollte wachgerufen werden. Tatsächlich geschah manches erst, nachdem ich Platz in meinem Leben dafür geschaffen hatte. Ich drehte etwas weniger Filme, damit für Yoga und für meine neue Firma *Divine Flower* mehr Zeit blieb. Das ist allerdings schon der nachgeordnete Schritt. Davor darf etwas sehr Wesentliches geschehen: das Zugeständnis, dass wir unser verstecktes Potenzial auch wachrufen dürfen.

Instinktiv spüren Sie sicher, was ich meine: die vielen kleinen und großen Verbote, die von Eltern, Lehrern, Bekannten und Freunden stammen, die oft gar nicht böse gemeint sind und trotzdem dafür sorgen, dass wir uns einreden, das können wir nicht oder das dürfen wir nicht oder im schlimmsten Falle beides zugleich. Mit der Folge,

dass wir viele versteckte Wünsche nicht zulassen und darunter leiden. Und unser Potenzial gar nicht wachrufen.
Die Welt denkt gerne in Schubladen. Glauben Sie mir, es gab genug Menschen in meinem Umfeld, die die Nase rümpften, als ich davon erzählte, ein Unternehmen zu gründen. »Du bist Schauspielerin!«, hörte ich dann, was nichts anderes hieß als: »Du kannst vielleicht vor einer Kamera agieren. Aber als Geschäftsfrau, das kann ich mir beim besten Willen nicht vorstellen.«
So etwas kann schon reichen, um uns zu entmutigen, zumal wenn dieser Satz von Menschen kommt, denen wir eigentlich vertrauen. Na, wenn die schon glauben, wir kriegen es nicht hin … Ich erinnere mich, wie ich damals Menschen aufzählte, die das alles geschafft hatten. Ich lebte noch in Kalifornien und hatte bei mehreren Gelegenheiten Arnold Schwarzenegger kennengelernt. Brachte ich ihn ins Gespräch, winkte man ab. Da spürte ich deutlich Vorurteile und Neid. Das sind auch zwei Attribute, die dazu beitragen, unser Potenzial einzuschränken.
Was hilft dagegen? Auf den ersten Blick möchte man sagen, natürlich die gute alte »Mir doch egal!«-Strategie. »Das ist mir doch egal, was ihr denkt, ich mache es trotzdem!« Doch so einfach ist das nicht. Diese Strategie hat uns früher schon nicht geholfen – und Menschen, die so agieren, taugen meist nicht als gutes Beispiel, weil sie ein ungesunder Egoismus leitet. Daher rate ich zum Gegenteil: Ich rate zur Demut.
Demut ist eine wunderbare Essenz, die, richtig angewandt, unser Potenzial freilegt und uns noch stärker werden lässt. Ist das ein Widerspruch? Nicht, wenn man Demut richtig versteht. Manche Men-

schen stellen Demut sofort in Zusammenhang mit Demütigung, und das ist auch nicht weiter verwunderlich. Was wir in unserer Welt oft erleben, ist das Gegenteil von Demut: Wir erleben Demütigung. Der Starke unterdrückt den Schwachen, statt ihn darin zu unterstützen, sein Potenzial voll auszuschöpfen. Menschen, die andere demütigen, sind jedoch nicht wirklich stark. Sie stecken vielmehr voller Blockaden und emotionaler Staus. Freie Menschen haben nicht das Bedürfnis, anderen einen demütigenden Stempel aufzudrücken. Wenn wir uns in unserer Haut wohlfühlen, brauchen wir uns nicht über andere zu stellen. Etwas in Demut zu tun heißt, sich in den Dienst einer Sache zu stellen, und das kann durchaus die eigene Sache sein. Damit die Energie fließen kann, ist es zudem wichtig, wieder etwas zurückzugeben, wenn der Erfolg eingetreten ist.

» Demut ist ein Lichtaspekt von Mut. «

PETER HORTON

Im Frühjahr 2009 war Arnold Schwarzenegger Gouverneur von Kalifornien. Er hielt eine Rede vor Absolventen der University of Southern California, in der es darum ging, wie man im Leben erfolgreich ist. Ihm selbst war es gelungen, sich aus ärmsten Verhältnissen nach oben zu arbeiten. Er hatte eine glänzende Sportkarriere hinter sich, einen Universitätsabschluss in Wirtschaftswissenschaften erarbeitet, ein bedeutendes Immobilienunternehmen gegründet und war in

den 1980er- und 90er-Jahren zum bestbezahlten und einflussreichsten Schauspieler in Hollywood aufgestiegen. Während seiner zwei Amtszeiten als Gouverneur stärkte er in seinem wirtschaftsstarken Bundesstaat den Umweltschutz ganz maßgeblich.
In seiner Rede sprach er von harter Arbeit, von Fleiß und davon, niemals auf die Neinsager und Bedenkenträger zu hören. Und wer es geschafft habe, sei dazu verpflichtet, etwas zurückzugeben. »Give back!«, rief er in den Saal. Und zwar nicht nur aus Dankbarkeit, sondern auch aus der Gewissheit heraus, dass die Energie fließen soll.

Meditation: Was kann ich zurückgeben?

Auch diese Meditation können Sie auf einem Stuhl ausführen. Hauptsache ist, dass Sie sich geborgen fühlen, es warm und bequem haben. Beginnen Sie wieder damit, die Füße auf dem Boden zu spüren und zu genießen, wie fest verwurzelt sie sind. Legen Sie Ihre Handflächen auf die Oberschenkel. Schließen Sie die Augen und lassen Sie Ihren Atem fließen.
Visualisieren Sie nun das Wort »Danke« und fühlen Sie die Kraft und Energie, die von ihm ausgeht. Wofür können Sie danken? Wie wollen Sie danken? Was können Sie zurückgeben für das, was Sie bekommen haben?
Es kann sein, dass Sie nicht gleich einen Impuls erhalten. Dann wiederholen Sie die Meditation einfach ein paar Tage später noch einmal. Irgendwann bekommen Sie den Impuls. Es ist wie ein Gedanke, der Sie nicht mehr loslässt und der Ihnen sagt: Das könnte ich dafür tun. Setzen Sie diesen Gedanken in die Wirklichkeit um.

Die Rückkehr des Lichts

Ein Tag, auf den ich mich schon das ganze laufende Jahr über freue, ist das Äquinoktium. An diesem Tag der Frühjahrs-Tagundnachtgleiche sind lichter Tag und Nacht etwa gleich lang. Das Frühlingsäquinoktium findet am 19., 20. oder 21. März statt und das im Herbst am 22., 23. oder 24. September. Auch wenn die Eisheiligen erst noch ins Haus stehen und die Schafskälte mich noch frösteln lassen wird: An diesem Tag ist für mich der Winter endgültig passé, und der Frühling ist da. Wieder einmal haben wir das Dunkel der Nacht hinter uns gelassen und begrüßen das Licht des Tages.

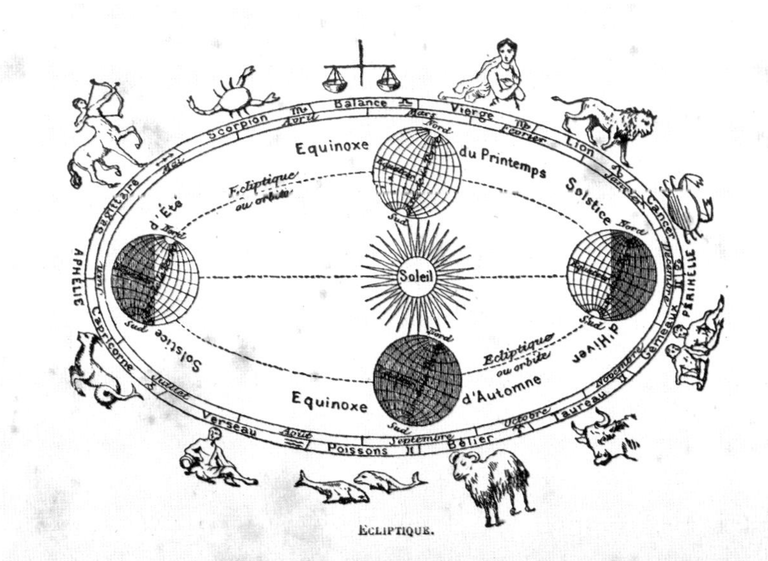

Auf diesen Tag freue ich mich.

Venus: Schutzgöttin der Liebe.

APRIL

Die Welt, wie sie uns gefällt

»April, April, der macht, was er will!« Gemeint ist das wechselhafte Wetter – doch münzen wir den Spruch gleich mal um: Wir sollten es genauso machen, indem wir tun, wonach uns der Sinn steht in diesem wunderbaren Monat. Denn so launenhaft sich die Witterung gibt, so viel Energie schenkt sie uns, wenn sich Sonne, Regen und oft noch ein bisschen Schnee abwechseln.

Das Amandusritual: Was ich an mir liebenswert finde

Gleich zu Beginn des Monats feierten die Menschen früher in manchen Gegenden Deutschlands den Amantiustag. Es gibt im Jahresverlauf noch weitere Gedenktage für Heilige namens »Amandus«, und im Grunde lohnt es sich, sie alle zu feiern, bedeutet der Name doch »der Liebenswerte«. Und das soll auch gleich unser Motto sein für das erste schöne Aprilritual.

Entzünden Sie eine Kerze mit oranger Beschriftung. Dieser sonnige Ton vermittelt die Kraft und Lebensfreude, die wir nun wecken wollen. Die Atmosphäre wird durch Orange aufgelockert, was die Scheu davor nimmt, tatsächlich zu sagen: »Ja, ich bin liebenswert.« Orange kann Melancholie lindern, Appetit fördern, Magen-Darm-Beschwerden reduzieren. In der Yogalehre wird Orange dem Sakralchakra zugeordnet, und dieses Energiezentrum steht für Lebenslust, Verlangen, Schaffenskraft, Spontanität, Lust und Kreativität. Wenn wir die Farbe Orange auf uns wirken lassen, fühlen wir uns freier.
Nehmen Sie sich also ein Blatt Papier und schreiben Sie vier liebenswerte Eigenschaften von sich auf. Die Zahl Vier steht für den Monat April. Fallen Ihnen mehr ein, ist das wunderbar, doch nehmen Sie die vier Eigenschaften, die Ihnen am wichtigsten sind.
Im Ritual wollen wir diese wieder körperlich verfestigen. Wenn Sie eine Trommel haben – sehr gut eignet sich eine Schamanen- oder Rahmentrommel –, nehmen Sie diese zur Hand. Sie können aber auch einfach in die Hände klatschen.
Schlagen Sie einen langsamen Rhythmus oder klatschen Sie in die Hände, während Sie Ihre liebenswerten Eigenschaften aussprechen. Zum Beispiel: »Ich bin immer für meine Freundinnen da.« Oder: »Ich versorge meine Familie aufs Beste.« Oder: »Wo ich bin, ist die gute Laune.« Oder: »Meine Tiefgründigkeit schafft Wurzeln.«
Was immer es ist: Sprechen Sie Ihre vier Eigenschaften aus, klatschen Sie dabei oder schlagen Sie die Trommel. Dieses Ritual wiederholen Sie vier Tage hintereinander. Am vierten Tag verbrennen Sie das Papier in der Kerzenflamme. Von nun an sind Ihre vier liebenswerten Eigenschaften gegen jede Art von Zweifel immun.

Liebe hält die Welt zusammen

Ich mag die Vorstellung, dass der Name April mit dem Namen der griechischen Göttin Aphrodite zusammenhängt, die wiederum von den Römern als Venus verehrt wurde. Aphrodite, Venus, diese Schutzgöttin der Liebenden – sie ist für uns wichtiger denn je.
Denn die Liebe braucht unsere weibliche Kraft, und wenn wir den Zustand der Erde betrachten, brauchen wir diese Kraft mehr denn je. Es ist nicht nur die Liebe zu Mensch und Tier, es ist die Liebe zu Gaia, unserer Mutter Erde, der segenspendenden Erdgöttin. Sie liebt es, wenn wir für sie singen, tönen und summen. Der Monat April ist dafür geschaffen, dass wir unsere Stimme erheben und uns mit Gaia verbinden. So viele Menschen sagen mir: »Aber ich kann doch gar nicht singen.« Oder: »Ich traue mich nicht, meine Stimme zu erheben« Oder: »Ich will nicht, dass man mich hört.«
Deshalb möchte ich in diesem Monat einen neuen Glaubenssatz in Ihnen verankern:

» Meine Stimme ist wertvoll – die ganze Welt darf sie hören! «

Verankern Sie diesen Glaubenssatz in diesem Monat, indem Sie ihn morgens gleich nach dem Wachwerden und abends vor dem Schlafengehen laut werden lassen. Wie ich das meine? Falls Sie am Anfang

Hemmungen haben, hörbar zu werden, aus welchen Gründen auch immer, dann murmeln Sie den Satz so vor sich hin, als sei er nur für Ihre Ohren bestimmt. Werden Sie dann jeden Tag ein bisschen lauter. Sie wissen ja, in der Musik gibt es viele Abstufungen zwischen »pianissimo« – sehr leise – und »fortissimo« – sehr laut. Nutzen Sie diese Abstufungen, doch steigern Sie sich, bis Sie zu einer angenehmen, aber deutlich vernehmbaren Lautstärke gelangen: »Meine Stimme ist wertvoll – die ganze Welt darf sie hören.« Ich kann Ihnen versprechen: Wenn Sie dieses Ritual den ganzen April über durchführen, werden wunderbare Dinge in Ihrem Leben geschehen!

Lassen Sie den Urlaut ertönen

Wenn im April die ersten Frühjahrsstürme übers Land fegen, erhebt auch Gaia ihre Stimme. Da ich die Winde verehre, gehe ich gerne nach draußen, lausche den Tönen und töne mit. Haben Sie schon einmal bemerkt, wie unterschiedlich das Lied des Windes klingt, wenn Sie sich in einen anderen Winkel zur Windrichtung stellen? Je nachdem empfängt Ihr Ohr ganz neue Frequenzen – und die können wir nutzen, um in das Lied des Windes einzustimmen. Niemand muss dafür singen können, doch jeder von uns kann tönen!

Dazu atmen Sie ein und lassen Ihren Atem im Anschluss einfach aus dem Mund strömen. Formen Sie einen Ton zwischen »aum« und »oum«. Das passiert ganz von selbst, Sie müssen gar nichts dazu beitragen. Das Hexenwerk daran ist: Dieser Ton, der automatisch entsteht, wenn wir ausatmen und dabei darauf achten, »hörbar« zu sein, ist der Urlaut des heiligen Wortes OM.

Dieses OM kann für uns ein mächtiges Mantra sein. Wie so viele der erhabenen Begriffe stammt auch dieser aus dem Sanskrit: Dort wird ein Mantra als aufgehendes Samenkorn beschrieben. Ist das nicht schön? Genauso können wir unser Tönen ansehen. Wenn wir »aum«, »oum« oder OM von uns geben, legen wir einen Samen, der aufgehen wird. Was daraus entstehen kann, beschreiben die alten indischen Weisheitsbücher der Upanischaden als »Einswerden«. Wir werden eins mit Mutter Erde – das ist, was beim Singen und Summen und Tönen geschieht. Denn so steht es in den Upanischaden:
»Die Essenz aller Wesen ist die Erde. Die Essenz der Erde ist das Wasser. Die Essenz des Wassers sind die Pflanzen. Die Essenz der Pflanzen ist der Mensch. Die Essenz des Menschen ist die Rede. Die Essenz der Rede ist das Heilige Wissen. Die Essenz des Heiligen Wissens ist Wortlaut und Klang. Die Essenz von Wortlaut und Klang ist OM.«
Daher sprechen die Mönche des Ostens von »Nada Brahma«, was nichts anderes heißt als: »Die Welt ist Klang.« Dazu tönen sie das OM auf eine ganz bestimmte Art und Weise, die Sie vielleicht schon einmal vernommen haben: Tief kommt es aus der Kehle, verbreitet sich im Raum und von dort aus über die ganze Welt. Aus diesem Grund schreibt der Swami Sivananda Sarasvati in seiner Schrift *Der dreifache Yoga:*

**» OM ist die innere Musik der Seele.
Verwirkliche dich durch OM. Denke immer an OM.
Singe OM. Rezitiere OM. Übe OM. Meditiere OM. «**

SWAMI SIVANANDA SARASVATI

Das Sanskritzeichen für OM.

Lauschen Sie also auf Ihre Stimme, wenn Sie »aum«, »oum« oder sogar OM tönen. Ihr Ohr wird zum wichtigsten Sinn und löst für eine Weile das Auge ab. Das ist gut so, denn wir bekommen jeden Tag über das Auge allzu viele verwirrende Sinneseindrücke. Dabei ist das Ohr ein so wichtiger Sinn, um mit der Erde eins zu werden. Nicht umsonst ist die Muschel das Symbol des Ohrs, die wiederum auch das weibliche Geschlechtsorgan symbolisiert. Das ist kein Zufall, denn über diese Organe empfangen wir. Daher ist für Chinesen das Ohr auch ein Yin-Sinn: weiblich, aufnehmend, helfend, intuitiv, spirituell, ins Innere gehend, das Ganze als Eines wahrnehmend. So wie es uns das OM lehrt – aus dem, über einen Zeitraum von Tausenden Jahren hinweg, in unserem Kulturkreis das »Amen« wurde.

Nada Brahma und die Solfeggio-Frequenzen

Überall auf der Welt war Heilung stets ein spiritueller Vorgang, der mit Musik, Singen, Tanzen und Malen verbunden war – also das, was wir heute Kunst nennen. In unserem technischen Zeitalter verloren viele Therapien diesen geistigen Zusammenhang, dazu kamen kirchliche Verbote. Auf einmal wurde alles trocken und leblos oder geriet fast ganz in Vergessenheit, so wie die spirituelle Bedeutung der Solfeggio-Frequenzen.

Alles im Universum schwingt. Die Welt ist aus Klang aufgebaut, und am Anfang war das OM. Bei den Solfeggio-Frequenzen handelt es sich um eine Sechstonleiter, die im frühen Mittelalter für die heiligen Gesänge Verwendung fand – wie bei den gregorianischen Sprechgesängen. Diese Musik entfaltet eine besonders bewusstseinserweiternde Wirkung.

Die Welt ist aus Klang aufgebaut, und am Anfang war das OM.

Dabei hatten auch die verwendeten Instrumente eine andere Stimmlage als heute. Diese wird in Hertz gemessen. Stimmt man nun ein Instrument in einer bestimmten Hertz-Zahl, ändert sich seine heilende Wirkung: Bei 396 Hz helfen seine Klänge, von Schuld und Angst zu befreien. Instrumente, die mit

417 Hz gestimmt sind, unterstützen Veränderungsprozesse. Hier in der Nähe ist auch der Kammerton A zu Hause, der bei 432 Hz liegt. Allerdings wurde er 1940 auf 440 Hz verändert, was seine Heilungskraft minimiert hat. Daher stimmen viele Schamanen ihre Instrumente auf 432 Hz zurück. Bei 528 Hz kann man Wunder herbeirufen, mit 639 Hz harmonische Beziehungen fördern und mit 741 Hz unsere Intuition.

Sie können es leicht selbst ausprobieren: Suchen Sie sich bei Spotify eine Solfeggio-Sequenz aus und lauschen Sie ihr mit Hingabe.

Wenn man Wasser mit Solfeggio-Frequenzen beschallt, ordnen sich die Kristalle im Tropfen. Bedenken wir, dass wir zum Großteil aus Wasser bestehen, lohnt es sich besonders, die magische Kraft dieser Musik in unser Leben zu integrieren.

Yoga zu Ostern: der Sonnengruß

Im germanischen Europa war der April der Ostermonat, benannt nach der keltischen Göttin Ostara. Sie repräsentiert die im Osten aufsteigende Morgensonne, und diese willkommen zu heißen ist das, was ich an Ostern am meisten liebe und zelebriere. Das habe ich schon zu der Zeit getan, als ich in Kalifornien lebte. Denn auch das englische »Easter« knüpft an diese keltische Tradition an, während das französische »Paques« vom hebräischen »Passah« abgeleitet ist.

Mein Osterbrauch ist daher, mich frühmorgens der Sonne zuzuwenden, um ihr den Sonnengruß darzubringen. Zugegeben: Das fiel mir in Kalifornien und auf Mallorca, wo ich auch für einige Jahre eine Heimat gefunden hatte, leichter. Doch wie so oft bei Ritualen

kommt es auf die Symbolik an, wenn wir nur mit dem ganzen Herzen bei der Sache sind. Also können wir den Sonnengruß auch in der Wohnung machen, falls es die Witterungsverhältnisse noch nicht erlauben, nach draußen zu gehen.
Ich mag den Sonnengruß auch deshalb, weil er unsere Nacken- und Rückenmuskulatur wunderbar stärkt und wir unseren Körper in alle Richtungen strecken und dehnen. Er ist eine Abfolge verschiedener Positionen und Bewegungen, die dem Sanskritnamen Surya Namaskar gerecht werden: »Surya« bedeutet Sonne und »namaskar« grüßen – man braucht absolut kein Yogi zu sein, um zu verstehen, wie wir das am besten machen.
Stellen Sie sich vor, Sie betreten einen schönen Strand mit feinem hellen Sand. Vor sich sehen Sie das Meer und hören sein sanftes Rauschen. In diesem Augenblick geht am Horizont die Sonne auf – was werden Sie tun? Genau, Sie recken und strecken sich und atmen erst einmal tief ein und aus! Das ist schon ein wesentlicher Teil des Sonnengrußes: Wenn wir die Arme heben, weitet sich unser Brustkorb, und wir atmen ein. Wenn wir den Oberkörper beugen, wird der Brustkorb verengt, und wir atmen aus. Wichtig ist, die Bewegungen immer bewusst und kontrolliert zu gestalten.

Das Feuer der letzten Nacht

In der letzten Aprilnacht kommen wir alle noch einmal voll auf unsere Kosten! Lebensfreude, Leidenschaft, Lust und Genuss zelebrieren wir an einem der großen Feiertage des Jahreskreises, der in den verschiedenen germanischen, keltischen und irischen Dialekten

Beltene, Beltane, Bhealltainn oder Bealtaine genannt wird. Auch in diesem Wort steckt die Sonne – und so ist das Beltene-Fest auch immer ein Siegesfest der Sonne.
Ich finde es schön, dem Ursprung von Bezeichnungen nachzugehen: »Bel« bedeutet strahlend und leuchtend. Wir finden das Wort noch immer im französischen »belle« für schön. »Tene« wiederum ist das keltische Wort für Feuer. So ist es kein Wunder, dass aus dem strahlenden Feuer, dem Beltene, in unseren Zeiten die Maifeuer wurden. Hier findet sich auch die Göttin Walpurgis wieder, denn sie ist die Maikönigin. Bei den Germanen war sie eine Seherin, die den »Walus« mit sich führte, ihren Zauberstab. Auch das nordgermanische Wort »Völva« steckt in Walpurgis, was auf eine »Allwissende« hinweist, auf eine Seherin, »die alle Geheimnisse kennt«. Von ihr wiederum stammen die Walküren ab, die mit ihrem Walkürenritt die Hexen zum Hexenritt auf den Blocksberg inspirierten.

» Magie ist die Kunst, die Dinge zu nutzen, die die Wissenschaft noch nicht erforscht hat. «

MAZ BOUR

Walpurga wie auch diese Hexen wurden in den alten Büchern als weiße Frauen dargestellt. Sie verwendeten weiße Magie und trugen auf den Bildern eine goldene Krone, die die Sonne repräsentierte. In ihren Händen hatten sie einen Spiegel, der als Seelenspiegel die

Wiederauferstehung des Lebens kennzeichnet. Oft sehen wir neben ihnen auch eine Spindel stehen. Damit konnten die weißen Frauen das Schicksal spinnen.

Es ist offenkundig, warum ihr großes Fest vom 30. April auf den 1. Mai gefeiert wird – es ist der Übergang der letzten Nacht in der dunklen Jahreshälfte zum ersten Morgen der hellen Jahreshälfte. Unsere Vorfahren wussten: In dieser Nacht sind die Grenzen zwischen den Welten durchlässig. In dieser Nacht kann alles passieren: Aus Wasserbrunnen floss auf einmal Wein wie aus den Quellen des Dionysos. Der Tau, der an diesem Morgen entstand, machte die Erde fruchtbar und die Menschen auch. Daher beträufelten sie sich mit dem heiligen Wasser.

Es war die Nacht der Brautschau, was dafür sorgte, dass der Mai der Monat mit den meisten Hochzeiten wurde. Es wurde getanzt – der Tanz in den Mai, am liebsten um einen großen Baum –, und es wurden Feuer entzündet. Die Tanzplätze selbst waren mit Weidenruten und Reisigzweigen eingezäunt, aus denen in der erzählerischen Überhöhung die Hexenbesen entstanden. Und mit ihren Besen flogen die hiesigen Hexen natürlich zu ihrem Lieblingsplatz, dem Brocken im Harz.

Unser Beltrane- und Walpurgisfest

Heute laden wir unsere besten Freundinnen zum Beltrane- und Walpurgisfest ein. Sorgen Sie für ein stimmiges Ambiente mit Kerzenlicht, Musik und Tanz. Bitten Sie Ihre Freundinnen darum, dass jede ein kleines magisches Ritual mit der Gruppe macht.

Wissen Sie, was ich an diesem Abend am liebsten tue? Gläserrücken! Dazu setzen wir uns alle um den Tisch, auf dem ich ein umgedrehtes Glas platziere. Zuvor habe ich die Buchstaben des Alphabets auf kleine Zettel geschrieben, dazu die Zahlen von 0 bis 9 und die Wörter Ja und Nein. Diese drapiere ich um das Glas herum. Nun legen wir alle den Zeigefinger darauf und rufen gemeinsam nach einem hilfreichen geistigen Wesen. Meistens brauchen wir ein wenig Geduld, doch auf einmal bewegt sich das Glas deutlich in Richtung des Wortes Ja. Nun können wir abwechselnd unsere Fragen stellen – die Zeichen werden kommen. Doch fragen Sie sich selbst ernsthaft, ob Sie tatsächlich bereit sind, Antworten zu erhalten.

Die Antworten kommen aus uns selbst.

Steht für Fruchtbarkeit: der Maibaum.

MAI

Die Zeit der Wunscherfüllung

Auch zum Wonnemonat Mai kommt uns oft ein bekanntes Volkslied in den Sinn: »Komm, lieber Mai, und mache die Bäume wieder grün – und lass mir an dem Bache die kleinen Veilchen blühn.« Von Wolfgang Amadeus Mozart vertont, hat jeder die Melodie im Ohr. Der Text wurde allerdings zu einer Zeit verfasst, als die Winter in unseren Breitengraden noch tief in den April hineinreichten. Wenn ich heute zwischen Berlin und München pendle, sehe ich bereits Anfang Mai überall grüne Bäume, und die Veilchen sind sogar schon fast verblüht. Das hat nicht nur mit der globalen Erderwärmung zu tun. Alle 72 Jahre verschiebt sich der Sonnenstand um ein Grad, was gleichbedeutend ist mit einem Tag. Das hat zur Folge, dass sich auch der zeitliche Bezug mancher Bauernregel, die vor 700 Jahren aufgestellt wurde, inzwischen um zehn Tage verschoben hat. Das trifft zum Beispiel auf eine Regel für Mariä Lichtmess am 2. Februar zu: »Wenn der Dachs mittags seinen Schatten sieht, er noch vier Wochen in seinen Bau flieht.« Diese Regel wurde 1050 nach Christus aufgestellt. Also fällt Mariä Lichtmess inzwischen eigentlich auf den 15. Februar. Und so ist es auch mit den Eisheiligen, die uns im Mai besuchen. Am 12. Mai ist es Pankratius, am 13. der Servatius, am 14. der Bonifatius und am 15. die Kalte Sophie. Auch diese treten mitunter bis zu zehn Tage später auf.

Die Römer benannten den Mai nach der Göttin Maia, der Tochter des Jupiters und der Gemahlin des Vulcanus. Gleich zwei uralte Begriffe spiegeln sich in dieser Maia wider und damit auch in unserem Monat: die Sanskritwurzel »mah«, was wir mit »größer werden« und »wachsen« übersetzen können. Und das lateinische »magis«, in dem die Magie drinsteckt und das Sich-Vermehren. Deshalb können wir diesen Monat so wunderbar nutzen, um in uns wachsen zu lassen und zu vermehren, was wir wachsen lassen und vermehren wollen.

Das Ur-Ritual im Mai: Was will ich vermehren und wachsen lassen?

Nun ist die Zeit gekommen, die Karten offen auf den Tisch zu legen. Was sind Ihre innigsten Wünsche? Wo begehren Sie ein »Mehr«, was soll sich vermehren? Was wollen Sie wachsen lassen? Oftmals ist es gar nicht so einfach, die eigenen Wünsche derart in den Vordergrund zu rücken. Deshalb schaffe ich mir in diesem Monat ein »Maiheftchen« an. Ich mag diese Notizbüchlein, die man jederzeit mit sich führen kann. Im Mai ist es ständig in meiner Reichweite. Wann immer mir ein Herzenswunsch durch den Sinn geht, schreibe ich ihn auf. Das kann auch nachts sein, wenn ich kurz aufwache. Das sind dann sogar besonders gute Gelegenheiten, da in diesem halbwachen

Zustand der Verstand als ewiger Kritiker nichts zu melden hat. Denn ihn wollen wir bei diesem Ritual nicht dabei haben. Der soll einfach mal still sein! Schaffen Sie sich so ein kleines Büchlein an und schreiben Sie alle Wünsche hinein, die Ihnen einfallen – egal, ob Sie sich mehr Geduld wünschen oder mehr Vertrauen in Ihr Bauchgefühl. Dafür ist der Mai da, denn der Mai lässt es wachsen.
Am Ende des Monats picke ich mir aus dieser Sammlung die zwei wichtigsten Herzenswünsche heraus und setze sie gleich in die Tat um. So sorgt der Mai für das Vermehren – im ganz direkten Sinne.

Das Wunder der Welt

Im Monat Mai feiern viele der alten weiblichen Gottheiten ihre Kraft und Macht – wie die ägyptische Schöpfergöttin Isis, von der es heißt, sie habe tiefere Einsichten gehabt als Millionen Geister. Zu einer verzweifelten Frau, deren totes Kind sie wiedererweckt, sagte sie: »Siehe, mein Mund hat Lebenssprüche.« Sie war die Wächterin in einer Epoche, in der die weisen Frauen das Schicksal beeinflussen konnten. Doch nicht nur das Schöpfungswunder zu vollbringen war ihre Aufgabe, sondern auch, für die Welterhaltung tätig zu sein. Die griechische Diana von Ephesus und die germanische Freja gehören ebenfalls zu diesen geheimnisreichen Müttern, aus denen sich alles Leben entfaltet. In der byzantinischen Kirche ist es Sophia – die wir bei den Eisheiligen wiedertreffen – und in der christlichen Maria, die die Traditionen der alten Göttinnen übernommen haben.
Aus diesen Zeiten übrig geblieben ist das Aufstellen des Maibaums, der in vielen ländlichen Gegenden Deutschlands und Österreichs

auch Marienbaum genannt wird. Festlich geschmückt bekommt er einen Kranz aus frischem Grün, in den Mädchen und Frauen neben Weiden, Birken und Tannenreis Frühlingsblumen einflechten, sowie den »Maien«: Das sind Eier, Brote und mancherorts sogar Würste. Bunte Bänder werden schräg über den Stamm gebunden.
In den alten Zeiten hatte der Maibaum die kultische Bedeutung des Phallus, während der Kranz an seiner Spitze ein Symbol für die Vulva war. In der Erde steckend und in den Himmel ragend drückte er außerdem die Verbindung zwischen den Welten aus.
Der Tanz um den Maibaum war daher auch immer ein erotischer Tanz, der ganz im Sinne der Isis das Schöpfungswunder und die Welterhaltung verkörperte.

Schreibritual: Die Erde ist unsere Mutter

Für mich ist es im Monat Mai nochmals wichtig, meine Beziehung zur Mutter Erde zu stärken. Dazu nutze ich eine Niederschrift von Asa Bazhonoodah vom Stamm der Navajos:
»Vor langer Zeit wurde die Erde für uns bereitgestellt. Schon als Säugling liegen wir in einer Wiege, die aus den Gaben von Mutter Erde gemacht ist. Wir nutzen ihre Gaben unser ganzes Leben lang, und wenn wir sterben, gehen wir zurück zu ihr.«
In einem Ritual, das ich jeden Mai wiederhole, schreibe ich diese Worte mit einer Feder mit Tinte auf ein Papier. Dadurch manifestieren sie sich.
Wie immer, wenn ich so etwas tue, zünde ich eine Kerze an und nutze die Düfte ausgewählter ätherischer Essenzen.

Hinaus in die Welt!

Für was steht der Mai ebenfalls? Natürlich, wir verspüren große Lust, hinaus in die Natur zu gehen, Ausflüge zu unternehmen, Reisen anzutreten. Über alle Kulturen hinweg spüren wir, dass die Zeit des Aufbruchs gekommen ist. Ein wunderschönes Frühlingslied der Inuit vom Stamm der Iglukik-Eskimos erzählt davon:

» Herrlich ist es anzusehen,
wie die jungen Frauen
sich in Grüppchen finden
und Besuche abstatten;
auf einmal wollen alle Männer
möglichst männlich sein.

Herrlich ist es anzusehen,
wie die langhaarigen Winterkaribus
aus den Wäldern zurückkehren,
wenn die Herde der Küstenlinie folgt
in einem Sturm von trommelnden Hufen.

Herrlich ist es,
wenn die Zeit des Wanderns beginnt. «

FRÜHLINGSLIED DER INUIT

Kleine hilfreiche Alltagsrituale

Wenn wir nun unterwegs sind, aber auch wenn wir zu Hause bleiben, helfen uns die kleinen Alltagsrituale. Bisher haben wir die Rituale betrachtet, die uns zu einer bestimmten Zeit helfen, ein Ziel zu erreichen oder einen Glaubenssatz zu manifestieren.
Doch es gibt auch welche, die ich gerne »unsere kleinen Helferlein« nenne. Sie sind immer für uns da und nicht einem bestimmten Monat zugeordnet. Sie können unser Gefühlsleben glätten und uns dabei helfen, den Alltag besser zu bewältigen. Als ich kürzlich über einen der schönen Berliner Flohmärkte schlenderte, fiel mir an einem der Stände ein schönes handgeschnitztes Schild in die Augen – eines von denen, die unsere Großeltern an den Wänden aufgehängt hatten. Darauf war zu lesen:
»Das Gebet schließt uns am Morgen den Tag auf. Und ein Gebet verschließt ihn zur Nacht.«
Für unsere Vorfahren war ein Gebet oder eine kurze Andacht genau das Richtige, um ihren Tagen einen Rahmen zu geben.

Das beschränkte sich nicht nur auf die christliche Kultur, sondern wir finden diesen schönen Brauch auf der ganzen Welt. Ein Morgengebet aus Uganda lautet zum Beispiel so:

» Ich freue mich an der Schöpfung
und dass du dahinter bist
und daneben und davor
und darüber und in uns. «

AUS UGANDA

Beim Volk der Comanchen in Nordamerika beschloss man den Tag mit dem »Geistertanzlied«:

» Die Strahlen der Sonne gehen zur Neige,
die goldenen Strahlen der Sonne gehen zur Neige.
Mögen wir von Neuem leben,
mögen wir von Neuem leben. «

AUS NORDAMERIKA

Ein fester Rahmen gibt uns Halt

Egal, ob ein Gebet oder eine stille Meditation uns den Tag aufschließt und wieder verschließt – es geht um den Rahmen, der unseren wachen Stunden einen Halt gibt. Sie können auch gerne laut tönen oder das OM singen.

In der Bergwelt der Ostschweiz treten die Sennerinnen und Senner beim Morgengrauen auf die Weide. In der Hand halten sie einen hölzernen Milchtrichter. Mit dem »Toggenburger Alpsegen« begrüßen sie den Tag, indem sie gleichzeitig Menschen, Tiere und Pflanzen anrufen. Abends ist es der »Betruf«, der auf gleiche Weise vom Berg hinab ins Tal schallt. Es ist ein Schutzbann, der alles Böse abwehrt und die lichten Kräfte herbeiruft, damit sie Wache halten in der Nacht: Gott und Maria; den heiligen Antonius, Beschützer des Borstenviehs; Sebastian, den Bewahrer vor Seuche und Krankheit; Moritz, den hiesigen Landespatron. In genau vier Tönen erklingt dieser Ruf – und es sind dieselben Töne, mit denen die Bergbauern mit dem Alphorn die Weiden bespielen, bevor sie das Vieh dorthintreiben. Tun sie das, geschieht den Tieren über den Sommer hinweg nichts Ungutes. Bespielen sie die Weiden nicht, kann es zu Unfällen und Krankheiten kommen. Diese Bergbauern führen dasselbe harte und entbehrungsreiche Leben wie ihre Vorfahren – sie haben weder Zeit noch Sinn für Bedeutungsloses. Sie führen diese Rituale deshalb durch, weil sie schon seit vielen Jahrhunderten funktionieren.

Unser Tagesrahmen passt sich dem Ort an, wo wir leben. In der rauen Bergwelt kann ein Jodeln und Juchzen das Richtige sein – bei uns zu Hause ist es vielleicht ein leises Singen oder ein stilles Gebet.

Bei mir ist es meine morgendliche Yogasession. Mit der Abendsession beschließe ich dann den Tag. Mit anderen Worten: Bei mir ist es Yoga, der meinem Tag den Rahmen gibt.

Ich gönne mir Rahmenrituale, wann immer ich spüre, dass sie vonnöten sind.

Ein ritueller Rahmen um ein bestimmtes Ereignis verleiht uns Sicherheit. Das kann eine ganze Weidesaison, eine Reise, eine Autofahrt, ein Meeting, jeder einzelne Tag sein. Wenn ich ins Auto steige, spreche ich stets ein kurzes Gebet – selbst wenn die Fahrt nur wenige Minuten dauert –, bei dem ich in schlichten Worten um eine gute Ankunft bitte. Komme ich an meinem Ziel an, bedanke ich mich beim Universum für diese sichere Ankunft. Solche Rituale sollten uns in Fleisch und Blut übergehen, weil es eben nicht selbstverständlich ist, dass stets nur positive Kräfte walten. Gerade wenn wir verreisen, tut es manchmal gut, uns darüber im Klaren zu sein, was eine Reise eigentlich bedeutet: Wir verlassen unsere vertraute Umgebung, um zu neuen Ufern aufzubrechen. Selbst Menschen, die mit Ritualen weniger anfangen können, sagen dabei immer mal wieder: »Meine Seele ist noch gar nicht angekommen.« Richtig, selbst sie spüren, dass sie am Ankunftsort noch nicht »vollständig« sind.

Werden wir uns darüber klar, welche Mühe Reisen früher bedeutet hat! Kürzlich fuhr ich von Weimar nach Frankfurt, und weil die Autobahn frei war, brauchte ich für die 300 Kilometer knappe drei Stunden. Zu Goethes Zeiten benötigte man dafür vier anstrengende Tage. Wenn wir die Alpen überqueren – oder heutzutage fast vollständig darunter durchfahren –, wenn wir das Meer zwischen Frankreich und England im Tunnel unterqueren oder wenn wir ein Flugzeug besteigen, um wenige Stunden später auf einem anderen Kontinent auszusteigen: Welche Mühen und Plagen bedeuteten diese Ortswechsel für unsere Vorfahren? Und es ist heute noch immer anstrengend, nicht nur für den Körper, sondern vor allem für die Seele. Daher hilft uns ein Reiseritual, bevor wir aufbrechen, und ein weiteres, wenn wir an unserem Ziel angekommen sind.
Diese Rahmenrituale gönne ich mir vor jedem wichtigen Meeting. Ich gönne sie mir, wenn ich im Fernsehen auftrete. Ich gönne sie mir, wenn ich meinen Standort wechsle. Ich gönne sie mir bei allen Gelegenheiten, bei denen ich spüre, dass ein Rahmen vonnöten ist. Und ich schreibe nicht umsonst: »Ich gönne sie mir.« Denn das ist keine lästige Pflicht, sondern eine demütige Bitte um Beistand.

Stolpersteine und Meilensteine

Aus den alten Märchen und Sagen wissen wir: Wann immer ein Held oder eine Heldin aufbricht, um Abenteuer zu erleben, wird er oder sie schon bald mit Hindernissen konfrontiert. Wir sprechen dann davon, dass Schwellen zu überwinden sind, die meistens von sogenannten Schwellenwärtern bewacht werden. Das können Ungeheuer

sein, die den Schatz oder das Tor zur Unterwelt bewachen. Es kann auch ein schwieriges Rätsel sein, das gelöst werden muss. Manchmal braucht es eine List, manchmal Demut oder Kraft oder gleich beides, um über die Schwelle zu kommen.
Und genau das tun wir bei jedem Standortwechsel auch, im wahrsten Sinne des Wortes. Wir treten über eine Schwelle, wenn wir unser Haus verlassen. Während der Reise treten wir über weitere Schwellen. Und wenn wir am neuen Ort ankommen, übertreten wir erneut eine Schwelle. Bei vielen Nomadenvölkern ist es übrigens verboten, auf eine Schwelle zu treten, wenn man zum Beispiel eine Jurte betritt. Denn auf der Schwelle, so heißt es, ist der gute Geist verborgen. Auch unsere Vorfahren wussten genau, dass man so etwas ernst nehmen muss, und haben die Schwellen ihrer Häuser regelmäßig mit Reisig von schlechten Geisteinflüssen gereinigt. Sie haben Schutzheilige darüber angebracht. Und sie haben immer kurz innegehalten, wenn sie eine Schwelle überquerten. Wer von uns tut das noch?
Ich tue es, das kann ich mit Fug und Recht behaupten, und ich lade Sie dazu ein, dafür ein Bewusstsein zu entwickeln. Es ist ohnehin wichtig, sich immer wieder durch Innehalten aus dem Fluss der Bewegung zu lösen. Schwellen helfen uns dabei. Nutzen Sie das folgende Ritual, um in Zukunft ganz bewusst Schwellen zu überschreiten.

Das Schwellenritual

Wann immer ich das Haus verlasse, in mein Auto steige, das Flugzeug nehme, woanders einen Termin wahrnehme, jemandem einen Besuch abstatte: Jedes Mal halte ich kurz inne und bitte im Geiste das Universum um Schutz und Sicherheit. Ich bitte um eine richtige Haltung am neuen Ort und dass ich die Energien dort aufnehmen und verarbeiten kann. Ich bitte meine Seele, mir zu folgen.

Im »Handwörterbuch des Deutschen Aberglaubens«, in der Ausgabe von 1927, steht: »Der Mai ist die Zeit des Lenzes, der Liebe und der Hoffnung auf kommende Fruchtbarkeit. Einander ›maiengrün‹ und einander lieb sein ist dasselbe.« Ein schönes Bild und ein kraftvoller Spruch, mit dem wir uns vom Wonnemonat verabschieden: Wenn es uns gelingt, unseren Mitmenschen in allen Zeiten des Jahres »maiengrün« zu sein, ist uns schon viel Magisches gelungen.

Das Maifeuer vertreibt die bösen Geister und weckt die Lebensfreude.

Juno: Göttin der Weiblichkeit.

JUNI

Warum Glück sich selbst vermehrt

Wenn es einen Monat gibt, der voll und ganz für die Weiblichkeit steht, dann ist es der Juni. Der sechste Monat im gregorianischen Kalender und der erste Sommermonat im Jahr entlehnt seinen Namen der römischen Göttin Juno, der Göttin der Weiblichkeit, der Geburt und der Ehe. Im antiken Griechenland trug sie den Namen Hera. Mit ihrem Gatten Zeus vereinigte sie sich einmal im Jahr und konnte ihre Jungfräulichkeit dann erneuern, indem sie ein Bad im Fluss Imbrasos auf der Insel Samos nahm. Dort feiert man noch heute dieses Ereignis mit einem jährlich wiederkehrenden Fest, das Tonaia genannt wird. Damit wird die starke Magie dieses Monats verdeutlicht, die von erwachender Liebe und entfesselter Leidenschaft erzählt.

Für mich zählt dazu auch, in diesem Monat einmal genauer hinzusehen, ob ich mich mit liebevollen und leidenschaftlichen Menschen umgebe. Sie kennen die Magie des Gruppenzwangs? Wir wissen aus zahlreichen Studien, dass wir den Durchschnitt unserer fünf engsten

Freund*innen und Bekannten abbilden. Was das bedeutet? Die fünf Menschen, die uns am nahesten stehen, beeinflussen uns auch am meisten. Das geht so weit, wie eine Untersuchung zeigte, dass wir in der Regel das Durchschnittsgehalt dessen verdienen, was unsere fünf nahesten Menschen verdienen.

Was heißt das im Alltag? Umgeben wir uns mit Menschen, die schlecht drauf sind, sind wir es auch. Umgeben wir uns mit Menschen, die dauernd von Krankheit sprechen, werden wir krank. Umgeben wir uns mit Menschen, die mehr Geld ausgeben, als sie einnehmen, tun wir das auch. Klingt nicht so gut? Dann schauen wir uns den Umkehrschluss an: Umgeben wir uns mit Menschen, die

Das Einmaleins der Hexerei: Negatives zieht Negatives an, Positives zieht Positives an.

gut drauf sind, sind wir es auch. Umgeben wir uns mit Menschen, die Sport treiben, fällt es uns auch nicht schwer. Umgeben wir uns mit Menschen, die sich gesund ernähren … nun ja, Sie wissen Bescheid. Und daher: Umgeben wir uns mit Menschen, die liebevoll und leidenschaftlich sind, geht das auf uns über.

Das Prinzip, um das es mir hier geht, lautet: Negatives zieht Negatives an, Positives zieht Positives an. Es ist nur das kleine Einmaleins der Hexerei, und doch ist es für viele Menschen das große Einmaleins der Hexerei. Sie schaffen es nicht, sich von Menschen mit negativen Botschaften fernzuhalten. Sie schaffen es nicht, negative Nachrichten auszublenden. Ganz im Gegenteil legen wir manchmal einen fatalen Hang dazu an den Tag. Jetzt, im Juni, im Monat der Liebe und der Leidenschaft, ist es Zeit, damit Schluss zu machen. Was ich von Ihnen verlange, ist nicht einfach. Dafür verspreche ich Ihnen einen ganzen Schub frischer positiver Energie, der locker für den Rest des Jahres hält.

»Nein!« zu Negativem, »Ja!« zu Positivem

Es ist eine Übung über mehrere Stufen. Wir beginnen mit negativen Dingen. Solche Dinge können Nachrichten sein, nervende Klingeltöne auf dem Handy, stressige Einkaufsfahrten, falsche Routinen. Was ich von Ihnen will, ist: Legen Sie eine Liste von allen Dingen an, die Ihnen auf den Wecker gehen.
Ich gratuliere Ihnen, wenn weniger als 20 Punkte auf Ihrer Liste stehen, doch ich will jede Wette eingehen, dass es mehr sind. Und dann: Eliminieren Sie diese Punkte, einen nach dem anderen.

» Das Schönste am Ja-Sagen ist, dass man auch Nein sagen kann. «

MAXIMILIAN HOFFMANN

Wenn Sie damit durch sind, kommt Teil zwei. Legen Sie sich eine Liste an mit all den Menschen, die Ihre Nerven ruinieren. Wichtig: Damit meine ich Menschen, die in Ihrer persönlichen Reichweite sind. Unerreichbare Politiker*innen, die Sie nicht mögen, zählen nicht dazu. Die können Sie nur loswerden, wenn Sie den Fernseher ausschalten, und damit sind wir wieder bei Liste 1.

Schaffen Sie mehr Platz für Positives in Ihrem Leben.

Werden Sie also persönlich! Und persönlich sollten Sie die Sache auch nehmen: Diese Liste geht nur Sie etwas an, sonst niemanden. Und sie wird Ihnen möglicherweise auch den einen oder anderen Stich ins Herz versetzen, ich spreche da aus eigener Erfahrung.

Viel zu oft haben wir negative Menschen viel zu nah an uns herangelassen. Die Psychologen sprechen von »Energievampiren«, wenn sie Menschen meinen, die uns Energie rauben. All die Choleriker, Jammerer und Besserwisser in unserem persönlichen Umfeld – brauchen wir die wirklich? Nein, brauchen wir nicht. Gehen Sie behutsam vor, aber entfernen Sie diese Leute nach und nach aus Ihrem Leben. Dann kann Magisches geschehen: Plötzlich ist Platz für Menschen, die Ihnen wohlgesonnen sind, die Energie schenken, anstatt sie zu rauben, die positiv ins Leben schauen. Erinnern Sie sich: Die Energie folgt unserer Aufmerksamkeit.

Heilende Pflanzen und schützende Talismane

Was bei mir im Juni auch noch auf der Liste steht: Ich hinterfrage, ob ich mich auch anständig ernähre. Der Mensch ist, was er isst, und in dieser Weisheit steckt viel Magie. Mir kommt es nicht darauf an, als Foodexpertin oder Ernährungsberaterin aufzutreten – was mir wichtig erscheint, ist, unser Energielevel auf einem hohen Niveau zu halten. Es gehörte schon in den alten Zeiten zur Weisheit der Frauen, sich damit zu beschäftigen, was Feld, Wald und Wiese den Menschen schenkt. Diese Frauen wurden als »Wurzelkundige« verehrt, denn mit Wurz war das heilkräftige Pflanzenwesen gemeint. Dieses Wort finden wir noch heute in vielen Heilkräutern wie in der Nelkenwurz, der Haselwurz oder der Meisterwurz.

Das Wissen dieser Frauen ging tief, weil sie die Pflanzen als lebendiges Wesen, als sogenannte Deva, betrachteten. Weil diese Devas zum Ursprung des Lebens gehören, findet man in den altgermanischen Sagen die Urgöttinnen an der Wurzel des Weltenbaums Yggdrasil sitzen. Dort, unter den ausladenden Ästen dieser Esche, können sie das verborgene Wesen der Pflanzen beim Namen nennen. Diese Erkenntnisse sind weisen Frauen oft nicht gut bekommen, wenn Neid und Missgunst auf ihr Wissen bei Männern und selbst anderen Frauen durchschlug. Gut für uns, dass dieses archaische Wissen trotzdem nicht ausgerottet werden konnte.

Wer will, profitiert noch heute von den Ratschlägen einer Hildegard von Bingen. Lachsnerinnen nannte man in ihren Zeiten die weisen Heilerinnen – das Wort »lachsen« bedeutete »zaubern« und »heilen«. Diese Frauen kannten Zauberlieder und besangen damit die Heilkräuter, die sie verwendeten. Sie trugen diese Kräuter auf, die heute noch – oder sagen wir wieder – in der Phytotherapie Anwendung finden. Ihr Kräuterwissen und ihre Kenntnisse über die Herstellung von Tinkturen waren überlebensnotwendig. Die Frauen kannten die entlegenen Standorte der wild wachsenden Heilpflanzen und in welchen Mondphasen sie zu pflücken waren. Anregende Kräuter wie Bärlauch, Huflattich und Löwenzahn wurden erfolgreich bei Erkältungskrankheiten eingesetzt. Gundelkraut und Minze halfen gegen Albträume, Salbei bei Entzündungen. Die weisen Frauen waren Geburtshelferinnen und wussten alles über anregende Tinkturen, aber auch über erfolgreiche Verhütung. Mit Petersilie wurde der Uterus angeregt, mit Eisenkraut Wehen gefördert.

Natürlich, mag man fast sagen, war es ein Mann, der mit seinem wissenschaftlichen Geist dafür sorgte, dass die Kräutergeister nach und nach vertrieben wurden: Carl von Linné schuf Mitte des 18. Jahrhunderts eine Pflanzensystematik aufgrund der Anordnung von Kelch- und Fruchtblättern, Staubgefäßen und Kronblättern, von Farben, Formen und was man sonst noch alles zählen und sortie-

Schon immer wertvoll: Wissen über Pflanzen.

ren kann. Pflanzen zu besingen war von nun an verpönt, Wissen, das von Großmutter über Mutter zur Tochter mithilfe von Geschichten weitergegeben wurde, nichts mehr wert. Ich erinnere mich noch gut an den Biologieunterricht, als wir mit dem »Pflanzenerkennungsbuch« Kräuter bestimmen sollten. Es war im linnéschen Sinne aufgebaut, da war keinerlei Leben zu spüren.

Ich war nicht die Einzige, die weder Spaß noch Erfolg bei dieser Art mathematischer Pflanzenerkennung hatte. Was wäre gewesen, wenn der Lehrer stattdessen mit uns über Devas und Pflanzenwesen gesprochen hätte? Die rein wissenschaftliche Betrachtung der Pflanzenwelt führte letzten Endes dazu, dass wir alles, was wir heute zu uns nehmen, wissenschaftlich betrachten. Auf diese Weise entstand industriell gefertigtes Essen. Das führte zu Ungleichgewichten:

Waren im Mittelalter noch 90 Prozent der Bevölkerung Bauern, die vor allem die eigene Familie versorgten, waren es zu Beginn des 20. Jahrhunderts nur noch 60 Prozent. Ein Bauernhof versorgte nun mehrere Familien mit. Ab 1950 ernährte ein Hof schon zehn weitere Menschen. In unseren Tagen sind es 140 Menschen. Spezialisierung und Rationalisierung machen es möglich, was aber nur dann funktioniert, wenn die verwendeten Pflanzensorten so einheitlich und ertragreich wie möglich sind. Weltweit gibt es zwar immer noch über 7000 Nutzpflanzenarten, doch wir decken unseren Kalorienbedarf fast vollständig mit nur 30 Arten. Unter denen dominieren Weizen, Reis und Mais. Die Hochleistungssorten und die Lebensmittel, die daraus entstehen, sind aber gar nicht besonders hoch in ihrer Leistung: Weitaus gesünder, weil mineralstoff- und vitaminreicher, ernährte sich der Steinzeitmensch, stellte die Deutsche Gesellschaft für Ernährung verblüfft fest. Nur von einem Mineral nehmen wir mehr zu uns als unsere Urahnen, und das ist Salz. Kein Wunder, dass unsere Nieren oft härter arbeiten müssen, als ihnen guttut.

Ganzheitliche Heilverfahren

Was von dem alten Wissen können wir heute nutzen, um uns wohler und energiereicher zu fühlen? Das ist zum einen die Hildegard-Medizin. Die Benediktinerin, Äbtissin und Mystikerin Hildegard von Bingen brachte das Wissen der Volksmedizin mit der griechisch-lateinischen Ernährungstradition zusammen und verfasste darüber naturheilkundliche Schriften, die uns heute noch vorliegen. Worum geht es? Hildegards Ansatz war, dass Heilung ganzheitlich stattfindet und der Glaube dabei eine wichtige Rolle spielt. Erinnern Sie sich, als wir darüber sprachen, wie die Innigkeit, mit der wir ein Ritual ausführen, zu seinem Erfolg führt? Dass wir es manifestierten und festigten? Das ist, was Hildegard uns vermacht hat – neben weiteren Geboten, die uns heute sehr modern vorkommen: Löse seelische Blockaden im Einklang mit der Natur. Sorge für einen geregelten Wechsel zwischen Aktivität und Ruhe. Reinige dich innerlich durch Musik und Meditation, Liebe und Hoffnung. Nutze pflanzliche Arzneien, Mineralien und Edelsteine für deine Gesundheit.

Die Macht der Pflanzen finden wir auch in der Spagyrik wieder. Das ist eine kostengünstige Volksmedizin, hergestellt durch die Vereinigung von veraschten, vergorenen und destillierten Pflanzen, um Körper, Geist und Seele vom Pflanzenwesen heilen zu lassen. In Deutschland bekommen Sie Spagyrik in ausgewählten Apotheken, die diese Tinkturen selbst herstellen.

Tief in die Wesensart der Pflanzen zielt die Homöopathie mit ihren Konstitutions- und Organmitteln. Grundsätzlich gilt hier: »Ähnliches wird mit Ähnlichem geheilt.«

In der Bach-Blütentherapie wiederum gilt eine erkrankte Seele als Krankheitsursache, die durch Blüten bestimmter Pflanzen geheilt werden kann. Bach-Blütenessenzen werden mit Quellwasser hergestellt, oft durch das Sonnenverfahren oder Kochverfahren.

In der Ayurvedatherapie betrachtet man drei biologische Kräfte: Vata ist für Beweglichkeit, Schnelligkeit und Leichtigkeit verantwortlich. Pitta regelt Stoffwechsel, Verdauung, Wärmehaushalt, Intellekt und Gefühle. Kapha steuert den Flüssigkeitshaushalt im Körper. Sind diese Kräfte nicht stimmig miteinander verbunden, entstehen Störungen. Ernährung und Anwendungen von Heilpflanzen, Schwitzkuren und Massagen sowie Yoga sorgen für eine Regulierung.

» Gott hat für jede Krankheit eine Pflanze wachsen lassen. Sehet Euch um in der Natur und schöpft aus der Apotheke Gottes. «

PARACELSUS

Auch in der Traditionellen Chinesischen Medizin werden unter anderem Heilpflanzen, Ernährung, Akupunktur und Bewegungstherapie angewendet, um die Lebensenergie Qi zu stärken und die gegensätzlichen Kräfte Yin und Yang ins Gleichgewicht zu bringen.
In der Anthroposophie geht es unter anderem darum, dass jedes Pflanzenteil einem Körperorgan entspricht, zum Beispiel die Wurzeln dem Verdauungstrakt. Es sind sowohl der Zeitpunkt der Ernte als auch der Arzneimittelherstellung wichtig, da die kosmischen Einflüsse starke Wirkung auf die Pflanze haben. Die Gärtnerin Maria Thun brachte dieses Wissen in unsere Hausgärten, indem sie die Kräfte der Tierkreissternbilder auf Blattpflanzen, Wurzelpflanzen, Blütenpflanzen und Fruchtpflanzen ummünzte.
Gegen die meisten unserer Leiden ist ein Kraut gewachsen. Blättere ich in alten Büchern, bin ich fasziniert davon, was unsere weisen Vorfahren wussten und wie sie die Sachen auf den Punkt brachten. Zum Beispiel nannte man die Gürtelrose bis ins 18. Jahrhundert »Wildes Feuer«, was sich treffender kaum ausdrücken lässt. Die Heilfrauen dieser Zeit wendeten eine Tinktur aus Rosenwasser, Alaun, Honig und Rotem Bolis an. Letztgenanntes ist Tonerde, auch Heilerde genannt. Wer das schon einmal auf Schürfwunden aufgetragen hat, weiß von seiner kühlenden, wohltuenden Wirkung.
Bei »Magen Wehe« verschrieben diese Frauen ihren Patienten einen Trunk aus Rhabarber, orientalischem Safran, venedischem Tabak, Enzian und Bibergeil.
Jetzt im Juni, wenn der Rhabarber im Garten steht und auf dem Markt frisch angeboten wird – Rhabarberkuchen ist übrigens mein absoluter Lieblingskuchen –, gilt es, ein altes magisches Gesetz zu

erwähnen, das auf Theophrastus Bombastus von Hohenheim, genannt Paracelsus, zurückgeht: Jede Heilpflanze ist gleichzeitig eine Giftpflanze. Zu viel Rhabarber tut uns nicht gut. In kleiner Dosis hilft er uns jedoch bei Verstopfung und lindert Zahnfleischentzündungen. Dieses Prinzip gilt für alle Heilpflanzen, ja, es ist sogar ein yogisches Lebensprinzip: Wir Menschen sind nicht für die Extreme geschaffen, nicht für die Polarität. Dafür zahlen wir immer einen hohen Preis. Die Magie eines guten Lebens finden Sie in dem, was der Volksmund »ein gesundes Mittelmaß« getauft hat.

Die Macht der Talismane

Den Juni als mittleren Monat im Jahr nutze ich auch als »Mittler«: Ich überprüfe meine Talismane und ergänze sie, wenn nötig. Wahrscheinlich war Schmuck ursprünglich nicht dazu gedacht, uns zu »verschönern«, sondern diente dem Zweck, böse Mächte abzulenken und gute Mächte anzulocken. Das drückt schon der Begriff Talisman aus. Es ist ein Lehnwort aus dem Arabischen, wo ţillasm ein Zauberbild beschreibt. In allen alten Kulturen finden wir diese Talismane, und viele davon tauchten in früheren Zeiten als Pferdeamulette auf. Das ist auch kein Wunder, war doch das Pferd als heiliges Sonnentier das Symbol für Gesundheit, Kraft und Energie. Zudem diente es als schamanisches Reittier, und auch bei uns, auf der weltlichen Ebene, war es ein Zeichen von Reichtum. In vielen nomadischen Stämmen sowohl im Osten als auch im Westen bedeutete eine umfangreiche Pferdeherde Wohlstand und Sicherheit. Vor allem in Norddeutschland setzte sich daher der Pferdekopfgiebel durch, der den Häusern

Schutz verleihen sollte. In Süddeutschland galt das Hufeisen als starkes Symbol für Schutz und Segen.
Wie tief der Volksglaube ging, lässt sich aus der Anleitung zur richtigen Verwendung von Hufeisen erkennen, die in vielen alten Zauberbüchern zu finden war:
»Ein Hufeisen darf niemals gesucht werden, es will gefunden sein. Seine Wirksamkeit wird erhöht, wenn im vollständigen Eisen noch die Nägel stecken. Am besten, ein zum ersten Male beschlagenes Fohlen hat es verloren. Auf keinen Fall darf man an einem Hufeisen vorbeigehen, denn dann bewirkt es das Gegenteil. Kann man es nicht mitnehmen, soll man darauftreten, aber wenigstens drei Male.

Das Glück kommt in die kleinste Hütte.

Trägt man es nach Hause, tut man das stillschweigend und ohne das Hufeisen mit der Hand zu berühren. Man nagelt es über die Schwelle an der Haustür, am Stall, am Scheunentor, auch am Giebel oder an Bäumen im Hof oder ans Gefährt. Dazu eignen sich die Johannisnacht oder der Karsamstag oder die Silvesternacht. Das Hufeisen soll senkrecht mit der offenen Seite nach unten hängen, dann ist Eheglück beschieden, ein voller Brotkorb, Gewinn beim Verkauf und Schutz gegen Unholde aller Art sowie bei Wetterschlag und Feuersbrunst. Man gibt Hufeisen männlichen Leichen mit in den Sarg oder lege es in die Wiege, um Kinderkrämpfe zu verhindern. Im Schweinefutter gibt es den Tieren Gedeih, in die Tranktonne getan bewahrt es die Sau vor dem Brünstigsein. Tropft man Blut auf ein heißes Hufeisen, stillt es Nasenbluten. Tropft man Milch, wird eine behexte Kuh wieder melk. Ein glühendes Hufeisen wird im Bade abgelöscht, wer darin badet, ist vor Zauber aller Art gefeit. Ein Hufeisen, das stillschweigend vor Sonnenaufgang mit der ungleichen Zahl von Löchern geschmiedet wird, steckt man in die Butterkarne zum Schutz vor Butterdiebstahl.«

Talismane sind handfest gewordenes Glück.

Der Volksglaube war sich also darüber einig, dass ein Stück Eisen magische Kräfte entfalten kann, wenn nur die richtigen Rituale vollzogen werden.

Weitverbreitet waren auch Talismane und Amulette, die den Hirsch abbildeten. Gehörnte Naturgottheiten gab es viele, und der Hirsch stand als Verbindungstier zwischen ihnen und den Menschen. Kraftvoll und majestätisch ist er; und so wurde sein Talisman schon immer verwendet, wenn es galt, besondere Ziele zu erreichen.

Talismane, die Vögel zeigen, weisen auf unsere Seelen hin. In vielen nomadischen Stämmen, die tagaus, tagein in der Natur leben, las man die Zukunft aus dem Flug der Vögel ab. Sie galten als die göttlichen Boten und bildeten deren Weisheiten für alle Welt sichtbar am Himmel ab. Niemand kann sich der Faszination entziehen, wenn riesige Vogelschwärme über den Horizont hinwegziehen und durch ihr geheimnisvolles Schwarmverhalten wie ein einziges Lebewesen wirken. Talismane in Vogelform unterstützen uns auf Traumreisen in unser Inneres und auf der Visionssuche.

Den Germanen, Kelten und Slawen war er heilig: der Eber. Wenn wir in der heimischen Tierwelt nach einem Synonym für Kraft und Stärke suchen, dann werden wir bei ihm fündig. Ist das nicht etwas, wonach wir uns insgeheim in allen möglichen Lebenssituationen sehnen? »Einmal so richtig die Sau rauslassen, das wär's«, denken wir dann, ohne uns zu trauen, das auch zu tun. Gerade deshalb tut ein Ebertalisman den Menschen gut, die schüchtern am Rand des Rummels stehen und sich nicht richtig trauen, am großen Lebensspiel teilzunehmen. Oft schlummert in diesen Menschen eine starke Kraft – der Eber hilft, sie auch sinnvoll zu nutzen.

Sie scheiden die Geister und die Menschen: Ich persönlich kenne nur Menschen, die Schlangen für wunderbare Wesen halten, oder andere, bei denen das Gegenteil der Fall ist. Gleichgültigkeit findet

man äußerst selten, wenn es um Schlangen geht. Zu der Zeit, als ich noch in Kalifornien lebte, waren sie im Alltag wesentlich präsenter als hier in Deutschland. Doch dieses Tier, das sich in regelmäßigen Abständen häutet, um wachsen zu können, ist ein hervorragender Talisman in Lebensmomenten, in denen wir das auch tun sollten. Wer sich weiterentwickeln möchte, wer in die Tiefe gehen will, wer das Glück anruft, ist mit einem Schlangentalisman gut beraten.
Für seefahrende Völker war früher ein Knotentalisman Pflicht. Was er ausdrückt? Alles ist mit allem verbunden. Während das Landvolk mit einem halben Dutzend Knoten in seinem Alltag auskommt, bin ich immer wieder davon fasziniert, wie viele Seemannsknoten auf hoher See von Nutzen sind. Ich liebe es, mit Segelschiffen unterwegs zu sein – Sie erinnern sich, die Winde sind meine Freunde –, und hatte so das Glück, von erfahrenen Skippern den einen oder anderen Knoten lernen zu dürfen. In der magischen Tradition dienen Knoten als Symbol, um unsere reale Welt mit der Zauberwelt zu verknüpfen. So nutzten schon die Kelten ihre Knotentalismane, um durch sie den Kontakt zur »anderen Seite« zu bekommen.
Ebenfalls in Kalifornien lernte ich Talismane kennen, die aus Pfeilspitzen bestanden oder die Pfeilspitzen symbolisierten. Natürlich sind sie nicht auf diese Region der Welt beschränkt, ganz im Gegenteil: Sowohl Pfeil- als auch Lanzenspitzen werden fast überall auf der Erde als starkes Symbol für ein zielgerichtetes Vorhaben gewertet. Im Zen-Bogenschießen und bei den intuitiven Bogenschützen – das sind die, die mit sogenannten Nacktbögen ohne Visier den Pfeil ins Ziel befördern – wird dabei auf die Kraft der Intuition verwiesen. Absolute Ruhe ohne Angst vor dem Unbekannten durch das Ver-

trauen auf die Intuition ist der Zustand, der Yogis und Yoginis mit Zen-Buddhist*innen und Samuraikriegern vereint. In unserer westlichen Gesellschaft wird die Wahrnehmung der Intuition gerne unterdrückt. Der Grund ist, dass wir für sie kein Sinnesorgan kennen. An den Empfindungen, die unsere Augen, unsere Ohren, unsere Nase und unsere Haut empfangen, zweifeln wir nicht. »Erst wenn ich es gesehen habe, glaube ich es«, sagen viele Menschen – obwohl sie nicht sicher sein können, ob sie das, was sie sehen, tatsächlich auch sehen. Doch unserer auf Logik aufgebauten Gesellschaft ist die innere Stimme der Intuition verloren gegangen. Der Verstand ist das oberste Regulativ, oft kommen uns Bauchentscheidungen eher suspekt vor. Das ist grundsätzlich nicht schlecht, denn der Verstand schützt uns vor überhasteten Taten. Allerdings nimmt er dabei eine starke Urkraft aus dem Spiel – die Intuition. Die Geschichte menschlicher Erfolge ist jedoch eine Geschichte der Intuition. Die meisten großen Ideen der Menschheit entstanden durch »Geistesblitze«: Bauchentscheidungen, die nicht vom Verstand torpediert worden sind. Wer also seine Intuition fördern will, greift zu einem Talisman, der den Pfeil symbolisiert.

Vertrauen Sie wieder Ihrer Intuition.

Die Inkas hatten eine Knotenschrift, die Quipus genannt wurde. Mit ihnen waren sowohl Schriftverkehr als auch die Darstellung mehrstelliger Zahlen möglich. Von der geheimnisumrankten Schrift heißt es: Magische Netze, Schlingen und Knoten können auch als

Waffen benutzt werden. Das wollen wir aber nicht tun, sondern uns lieber dem Gegenteil widmen: Das sind Talismansymbole, die eine lebendige Männlichkeit und Weiblichkeit veranschaulichen.

In der römischen Welt waren Schutzamulette in Form eines Phallus sehr beliebt. Fascinum nannte man die Abbildung des erigierten Penis. Man fand sie – und findet sie noch heute – an vielen Hauswänden. Sie sollte ursprünglich den bösen Blick abwenden, der ja eine Art von Schadenszauber ist. Das taten die Fascina auf eine ganz clevere Art und Weise: Sie lenkten automatisch den Blick auf sich und damit auch den jener Leute, die den bösen Blick anwenden konnten. Auf diese Weise vollzogen die Fascina einen automatischen Abwehrzauber, den man in der magischen Welt eine apotropäische Handlung nennt: etwas, das Unheil abwenden soll. Übrigens: Auch das Christentum übernahm den Abwehrzauber, indem es dazu anhielt, bei Bedarf dreimal das Kreuz zu schlagen.

Wenn Sie zum Beispiel einen Nachbarn haben, mit dem Sie nicht klarkommen, zeichnen Sie ein Fascinum auf ein Blatt Papier. Verbrennen Sie das Papier und streuen Sie in einem unbeobachteten Augenblick etwas von der Asche auf die Schwelle des Nachbarn. Es reicht, wenn Sie so wenig davon nehmen, dass es gar nicht auffällt.

Entsprechend den Phallussymbolen finden wir die stilisierte Vulva in der Muschel. Einen sehr bekannten Talisman in dieser Form nutzen die Pilger, die sich auf den Weg nach Santiago de Compostela machen. Der ganze Pilgerweg ist damit gekennzeichnet. Doch bevor die Muschel dem Apostel Jakobus zugesprochen wurde, war sie das Symbol der Venus und der Aphrodite. Wenn Sie den Jakobsweg zu Ende gehen, das heißt über Santiago de Compostela hinaus, gelangen Sie ans Kap Finisterre, wo die Erde im Meer verschwindet und wo Aphrodite, die Schaumgeborene und Nothelferin der Seefahrer, ihr wahres Zuhause hat. Talismane in Muschelform unterstützen Sie in den Tagen der Menstruation, in der Schwangerschaft und Stillzeit, beim Übergang in die Wechseljahre und in der Menopause. Vielen Frauen helfen sie beim Kinderwunsch.

Zu meinen Lieblingen unter den Talismanen gehört der heilige Christophorus. Interessanterweise hat man bis heute keine historische Persönlichkeit hinter der Kultfigur gefunden. Doch auf alten Bildern und Ikonografien sieht man den Christophorus als Riese das Jesuskind auf seinen mächtigen Schultern über einen Fluss tragen, was ein schönes Sinnbild ist, um Christophorus zum Schutzheiligen der Reisenden werden zu lassen. Fernfahrer vertrauen sich ihm an, Seefahrer, selbst Surfer, die im übertragenen Sinne buchstäblich auf den Wellen reisen. Da ich auch oft von A nach B unterwegs bin, passt der Christophorus gut in meinen Alltag. Und auch wenn es ihn als Märtyrer gar nicht gab, gedenkt man seiner im Martyrologium Romanum am 25. Juli – warum sollten wir das nicht auch tun? Natürlich auf unsere ganz besondere Weise, nämlich mit einem positiven Ritual.

Das Aufladen eines Talismans

Unsere Talismane brauchen immer wieder eine Energiezufuhr von außen, wie wir das auch von Edelsteinen kennen. Wir können dazu Quellwasser benutzen. An diesem 25. Juli gehe ich mit meinem Christophorus-Talisman zu einem Brunnen mit frischem Quellwasser, zu dem ich immer wieder Ausflüge unternehme. Doch heute ist

es besonders, denn ich wasche den Talisman unter dem fließenden Wasser und lege ihn danach in die Sonne zum Trocknen. Dabei bin ich in meinen Gedanken tief mit seiner Wirkung verbunden – dass er mich auch weiterhin auf all meinen Wegen sicher begleitet.
Grundsätzlich sollten Sie Ihre Talismane jeweils vor dem Tragen segnen. Bitte denken Sie daran: Die einfachsten Rituale haben die beste Wirkung, wenn Sie sie mit Hingabe machen. Magie wirkt immer einfach, es gibt keinen Grund, sie kompliziert zu machen.

Johanniskraut

Wenn am 24. Juni die Johannisfeuer auflodern und in vielen ländlichen Gegenden junge Frauen und Männer darüberspringen – Hand in Hand, wenn bald eine Hochzeit gefeiert werden soll –, dann sind der Johannitag und die Johanninacht gekommen. Kurz nach der Sommersonnenwende befinden wir uns in einem starken Energiefeld, was sich auch in der Pflanzenwelt bemerkbar macht.
Jetzt ist die beste Zeit, um das Johanniskraut zu sammeln, denn nun steckt in dem leuchtend gelb blühenden Kraut die ganze Kraft der Sonne. Es ist nicht schwer zu finden, denn es ist eine anspruchslose Pflanze, die weitverbreitet ist und gerne auf trockenen Wiesen, kargen Hängen und an Wegrändern wächst. Welche Kraft sie hat, zeigt sie als sogenannte Pionierpflanze: Das sind die Pflanzen, die sich als Erste ansiedeln, zum Beispiel auf Schotterplätzen oder Brandstellen, und sich dann zurückziehen, wenn Nachsiedler kommen.
Seit ewigen Zeiten wird Johanniskraut als Wundöl eingesetzt, gegen Gicht und Rheuma, aber auch bei nervöser Unruhe, Erschöpfung

und Schlafstörungen, ja selbst bei leichten Depressionen. Denn neben Gerbstoffen und ätherischen Ölen sorgt der Stoff Hyperforin für eine Wirkung wie ein chemisches Antidepressivum. Gerade in der dunklen Jahreszeit, wenn unsere Stimmung gedrückt ist, hilft das sommerliche Johanniskraut als Retter in der Not.
Kein Wunder, dass die weisen Heilerinnen ihm so viele schöne Namen gegeben haben: Sonnwendkraut, Tüpfel-Hartheu – weil die gelbe Staude mit schwarzen Punkten überzogen ist, in denen das wertvolle Hyperforin steckt –, aber auch Frauenkraut, Blutkraut und Johannisblut. Da spielt die Farbe Rot eine Rolle, die ebenfalls vom Hyperforin stammt, das beim Zerreiben der Knospen austritt.

Die Sonne in Pflanzengestalt: Johanniskraut.

Tee, Tinktur, Öl und Salbe aus Johanniskraut

Johanniskraut blüht von Juni bis September. An einem trockenen und sonnigen Vormittag pflücken wir Blüten, dazu ein wenig Knospen und junge Früchte – nur die Stängel nicht, in ihnen stecken am wenigsten Wirkstoffe. Zu Hause auf einem Geschirrtuch ausbreiten und trocknen lassen. Am besten in einem dunklen Glas aufbewahren, dann halten die Blüten bis ins kommende Jahr.
Einen Esslöffel davon mit 60 Grad heißem Wasser übergießen. Zehn Minuten ziehen lassen, so bekommen Sie einen wohlschmeckenden, den Schlaf fördernden Tee. Je nach Lust und Laune können Sie etwas Pfefferminze oder Melisse beigeben.
Für die Tinktur mischen Sie 50 Gramm der getrockneten Blüten mit 100 Gramm frischen. Geben Sie einen halben Liter Branntwein dazu und lassen Sie alles drei Wochen lang an einem sonnigen Platz ziehen. Jeden Tag einmal gut schütteln, am Ende der dritten Woche abseihen. Dreimal täglich einen halben Teelöffel eingenommen, stellt sich schon bald ein verbessertes Wohlbefinden ein. Innere Unruhe geht zurück, Wechseljahrsbeschwerden werden weniger. Wer unter Wetterfühligkeit leidet, profitiert ebenfalls von der Tinktur. Außerdem können Sie damit kleine Wunden desinfizieren.
Das Öl des Johanniskrauts leuchtet in einer intensiven rubinroten Farbe und wird deshalb auch Rotöl genannt. Die Herstellung ist einfach: Füllen Sie ein Schraubdeckelglas zur Hälfte mit frischen Blüten. Geben Sie ein hochwertiges Sonnenblumenöl dazu, bis die Blüten gut bedeckt sind. Decken Sie alles mit einem Baumwolltuch ab und stellen Sie das Glas an einen warmen und sonnigen Platz.

Einmal täglich mit einem sauberen Löffel durchrühren. Nach knapp einer Woche können Sie das Glas zuschrauben. Lassen Sie den Inhalt weitere acht Wochen ziehen, wobei Sie das Glas immer mal wieder gut durchschütteln. Anschließend das Rotöl abseihen und in eine möglichst dunkle Flasche füllen, die Sie an einem kühlen und dunklen Platz aufbewahren.

Dieses Öl wirkt antibakteriell und antiviral, es fördert die Durchblutung und ist schmerzlindernd. Ob Hexenschuss, Muskelkater, Bluterguss oder Krampfadern: Tragen Sie es mehrfach täglich dünn auf, und Linderung wird sich einstellen. Auch als Badezusatz wirkt es angenehm, wobei zwei Esslöffel für ein Vollbad ausreichend sind. Weil es die Haut geschmeidig macht und selbst bei Neurodermitis wirkt, können Sie ein wenig davon zur täglichen Pflege verwenden. Wer unter Verdauungsstörungen leidet oder unter einem Reizmagen, nimmt zweimal täglich einen Teelöffel Rotöl.

Aus dem Öl lässt sich auch eine wunderbare Salbe herstellen. Dazu brauchen Sie 20 Gramm Bienenwachs. Wenn Sie einen Imker kennen, können Sie ihn fragen, ob er unbehandeltes Wachs hat. Auch in der Apotheke werden Sie fündig. Das Wachs geben Sie mit einem Liter Rotöl in ein Schraubdeckelglas und lassen es im Wasserbad schmelzen. Ich gebe gerne etwas ätherisches Öl dazu, zum Beispiel Lavendel. Nachdem alles etwas abgekühlt ist, in ein sauberes Gefäß füllen, kalt werden lassen und dann verschließen.

Vor allem bei den Germanen diente das Johanniskraut als Schutz gegen böse Geister. Ich finde, auch heute spricht nichts gegen einen Strauß Johanniskraut an einem prominenten Platz in der Wohnung. Es ist, als ob Sie die Sonne selbst zu sich einladen.

Einfach magisch: Hanf

Eine wahrlich magische Pflanze mit echter Hexenpower ist Hanf. Auf Lateinisch heißt Hanf Cannabis – und sofort stellen sich bei so manchen Menschen die Nackenhärchen auf. Ist Cannabis nicht eine gefährliche Sache? Nein, denn es handelt sich um eine der ältesten bekannten Nutzpflanzen der Welt, die schon seit Jahrtausenden als Heilpflanze verwendet wird. Ein chinesischer Heilpflanzenführer aus dem Jahr 2737 vor Christus – diese Jahreszahl sollten wir mal auf uns wirken lassen – beschrieb bereits die vielen positiven Eigenschaften von Hanf. Doch bei uns erklärte die Schulmedizin Cannabis zur unerwünschten Person. Bis dann in den 1960er-Jahren mit der Isolierung des psychoaktiven Cannabinoids THC die moderne Cannabisforschung begann und endlich auch die Wissenschaft die vielen tollen medizinischen Eigenschaften nachgewiesen hat.

Dann kam das Jahr 1992, ein Meilenstein in der Entwicklung: Ein Forschungsteam des National Institute of Mental Health entdeckte das Endocannabinoid-System in unserem Körper. Auf gut Deutsch heißt das, dass die in Cannabis enthaltenen heilenden Wirkstoffe bei uns wirken können. Gut, die alten Chinesen und die weisen Frauen des Mittelalters wussten das schon lange. Mittlerweile kennt man 480 im Hanf enthaltenen Wirkstoffe, und sogar die Arzneimittelkommission der deutschen Ärzteschaft stellte fest, dass eine Therapie damit bei Patienten, denen die Schulmedizin nicht helfen kann, viel Linderung bringt.

Für uns ist CBD – was die Abkürzung für Cannabidiol ist – der wichtigste Wirkstoff. Er ist entzündungshemmend, was wir in Ölen

und Hautpflegeprodukten nutzen können. Niemand muss dabei Angst haben, dass es zu berauschenden Zuständen kommt, denn dafür ist in Cannabis der Bestandteil Tetrahydrocannabinol (THC) verantwortlich, und der ist im CBD nur mit 0,2 Prozent enthalten.
Eine andere, womöglich noch größere Sensation hat eine Forschergruppe in einer Studie veröffentlicht: Vermutlich kann CBD das Eindringen des Coronavirus in menschliche Zellen hemmen, weil Cannabidiol den sogenannten ACE2-Rezeptor beeinflusst, der entscheidend für die Abwehr des Virus ist. Gute Nachrichten, wie ich meine, weil Hanf außerdem eine der ökologischsten Pflanzen unserer Erde ist: Er wächst schnell selbst auf fast unfruchtbaren Böden und mit sehr geringem Wasserverbrauch.
Falls das immer noch nicht ausreicht an guten Hexennachrichten: Als die Drogenbeauftragte der Bundesregierung kürzlich die jüngsten Zahlen vorlegte, staunten einige sehr: Demnach richten Tabak und Alkohol den mit Abstand größten gesundheitlichen Schaden in Deutschland an. Allein im Jahr 2020 starben 127 000 Menschen an den Folgen des Rauchens. Bei Hanf, also Cannabis, gab es dagegen 0 Todesfälle, und in den Jahren davor sah es nicht anders aus. Es ist also dringend an der Zeit, dass die Hexenjagd auf Cannabis beendet wird, damit wir die vielen guten Eigenschaften dieser wunderbaren Pflanze ungehindert nutzen können!

Cannabis: Heil- und Nutzpflanze mit echter Hexenpower.

Nährt uns: die Göttin Demeter.

JULI

Betörender Duft liegt in der Luft

Ich erinnere mich gut an die Zeit, als ich meine Zelte auf Mallorca aufgeschlagen hatte: Im Juli begann es auf der ganzen Insel zu duften, zumindest dort, wo die Natur Natur sein durfte. Es war dieser ganz besondere mediterrane Duft, der von der Macchie ausgeht, die im Mittelmeerraum oft anzufinden ist. Unscheinbar wirkt es auf den ersten Blick, dieses buschhohe grüne und dann nach Trockenheit braune Dickicht. Schon im Frühjahr verströmt es einen herben Duft, doch zusammen mit der Sommerhitze entsteht dieses südlich würzige Aroma, dem man sich nicht mehr entziehen kann. Grund dafür ist, dass die Macchie aus sehr vielen verschiedenen Pflanzen besteht, die alle zu dem Geruch beitragen, der uns an Urlaub, Freiheit und Unbeschwertheit erinnert.

Wenn Sie sich dieses Dickicht genauer anschauen, finden Sie darin Zistrosen, die einen köstlichen Tee ergeben, und Myrte, die sich wunderbar räuchern lässt. Ginster ist dabei, Lavendel, Oleander, Thymian, Lorbeer, Wacholder und Schwarzdorn. Allein, wenn ich darüber schreibe, steigt mir der Duft in die Nase, obwohl ich rund zweitausend Kilometer von Mallorca entfernt bin. Das ist unser Duftgedächtnis – unser Gehirn hat die Aromen abgespeichert.

Auch hierzulande gibt es Juliblüher, die unser olfaktorisches Wesen umschmeicheln. Ob Buschmalve, Cosmea, Duftnessel oder Zinnie, am liebsten habe ich Blüten in leuchtenden Farben: orange, rot, purpurn, violett. Aber auch weiß und grün erfreuen sie mein Herz.

Von der Schafgarbe, die ebenso im Juli zu blühen beginnt, gibt es Hunderte Arten; und ja, ich liebe sie alle: Krautig sind sie, ein bisschen struppig und seit alters beliebt als Heilpflanzen. Sie enthalten ätherisches Öl, Flavonoide, Kalium und Vitamine. Deshalb wirkt die Schafgarbe entzündungshemmend, blutreinigend und allgemein kräftigend. Geben Sie einfach die weichen Blätter als würzige Zutat ins Gemüse oder in den Salat. Sind die Blätter schon älter, eignen sie sich getrocknet als Tee oder als Beimischung für Kräuter zum Räuchern. Sie sorgen für den muskatnussartigen herben Duft, der uns dabei helfen kann, messerscharfe Gedanken zu fassen.

Unser Gedächtnis speichert Düfte und damit verbundene Erinnerungen.

Natürlich ist in unseren Breitengraden bis auf die Wintermonate Dezember, Januar und Februar jeden Monat Erntezeit für diverse

Wildkräuter. Das beginnt im März mit Bärlauch, Gänseblümchen, Huflattich, Löwenzahn und Wiesenknopf. Im April gesellen sich Brennnessel, Frauenmantel, Giersch und Gundermann, Huflattich, Knoblauchrauke, Spitzwegerich und Sauerampfer dazu. Im Mai folgt die Taubnessel – und so geht es immer weiter, bis im November mit den letzten Gänseblümchen der Wildkräuter-Saisonkalender schließt. Im Juli steht uns fast alles zur Verfügung, nur Bärlauch und Sauerampfer haben sich bereits verabschiedet.

Der Garten der Natur schenkt uns reichlich Nahrung.

Apropos Bärlauch: Er gehört zu meinen Lieblingen, vielleicht auch, weil er durch seine Hexenkraft polarisiert. Denn seine Blätter ähneln den Blättern des Maiglöckchens und auch denen der Herbstzeitlosen. Diese zu essen kann tödlich enden. Daher muss man den Bärlauch testen: Zerreibt man seine Blätter, und es entsteht kein Knoblauchgeruch, ist es kein Bärlauch. Auch bei niedrigem Blutdruck ist von ihm abzuraten – denn er wirkt blutdrucksenkend, weil gefäßerweiternd. Deshalb wird er gerne bei allgemeinen Schwächezuständen eingesetzt, bei Leberschwäche und Arterienverkalkung. Viele schwören auf seine antibiotische Wirkung.

Auf die Wirkung des Mondes kommen wir noch genauer zu sprechen. Doch wenn Sie sich daranmachen, Wildkräuter zu sammeln, ist es ratsam, auf den Mondstand Rücksicht zu nehmen: Bärlauchblätter sammeln Sie am besten an Blatttagen bei zunehmendem Mond, seine Zwiebeln ernten Sie wiederum möglichst bei absteigendem Mond an Erd- beziehungsweise Wurzeltagen. Ein Mondkalender gibt Ihnen wertvolle Hinweise! Wenn Sie den Bärlauch in der warmen Küche verwenden: Bitte nicht lange kochen oder warm halten, das schadet dem Geschmack. Am besten immer erst kurz vor dem Verzehr dazugeben.

Auch die Brennnessel schätze ich sehr. »Huch«, höre ich da manche Freund*innen fragen, »meinst du wirklich Brennnessel?« Ja, genau. Mitunter hat man das Gefühl, sie wächst überall. Der Grund ist, dass sie stickstoffreiche Böden liebt. Daher bin ich wachsam: Ich achte darauf, dass ich junge Brennnesseln aus gesunden Böden sammle, weil sie sonst einen hohen Nitratgehalt haben können.

Ihre Wirkung ist geradezu sensationell – vielleicht ist das der Grund, weshalb sie sich mit Nesselgift vor allzu eifrigen Sammlern schützen möchte? Die Brennnessel hilft Menschen bei rheumatischen Erkrankungen, bei Diabetes Typ 2 und bei Schuppenflechte. Sie wirkt unterstützend in der Krebstherapie und fördert die Milchbildung bei stillenden Müttern. Ihre blutreinigende Wirkung wird seit Urzeiten genutzt. Unsere männlichen Ahnen schworen bei Prostataleiden auf ihre Kraft.

Ziehen Sie einfach Handschuhe beim Ernten an. Zu Hause die Triebspitzen ein paar Sekunden blanchieren und anschließend behutsam mit einem Nudelholz abrollen. Dadurch werden die Brennhaare gebrochen oder gehen ganz verloren. Nutzen Sie die Brennnessel als Beigabe in Salaten, zu Eierspeisen, als Pestogrundlage für Nudelgerichte oder in einem Gemüsepüree.

Schwärmen kann ich auch vom Frauenmantel. Allein sein Name verrät die Schutzmacht, die dieses Heilkraut für uns bereithält. Schon in den Kräuterbüchern des Mittelalters wird die Pflanze für die Frauenheilkunde beschrieben. Manchmal genügt mir bereits der frühmorgendliche Anblick, um mich gestärkt zu fühlen: Oft glitzern auf den ausladenden trichterförmigen Blättern Tautropfen wie Diamanten. Der Frauenmantel hat Inhaltsstoffe, die dem weiblichen Sexualhormon Progesteron ähneln. Als Tee getrunken kann die Heilpflanze Mangelzustände ausgleichen, die zu prämenstruellen Störungen und Wechseljahrsbeschwerden führen. Zudem wirkt er entkrampfend auf die Gebärmutter und fördert nach der Geburt die Milchbildung. Auch als Sitzbad ist der Frauenmantel anwendbar. Außerdem wirkt er herzstärkend, hat einen positiven Einfluss auf die Elastizität der Blutgefäße, lindert Nervenleiden, Kopfschmerzen und Schlaflosigkeit. Schon in den alten Tagen bereiteten Heilerinnen einen besonders starken Sud aus Frauenmantel zu, der äußerlich angewendet gegen Geschwüre, Ekzeme und Furunkel half.

Vom Duft der Rose – der Königin mit der Dornenkrone, die botanisch korrekt eigentlich aus Stacheln ist – lasse ich mich gerne in einem Bad betören. Als Symbol für die Liebe spricht ihre Farbe eine ganz eigene und deutliche Sprache: Die rote Rose steht für leidenschaftliche Liebe, die weiße für Unschuld und Treue, die rosafarbene signalisiert Bewunderung, während die gelbe Rose als Symbol der Eifersucht angesehen wird, aber auch als Versöhnungsangebot.

Aus uralten Schriften wissen wir, dass die Rose schon viele Tausend Jahre lang geliebt und verehrt wird. Wahrscheinlich ist sie deshalb ein mächtiges Symbol in vielen Wappen von Herrschaftshäusern: Da steht die Rose vor allem als Zeichen der Vollkommenheit. Vollkommen erscheint uns auch ihr Duft, den man schon im antiken Griechenland durch Extraktion mit Sesamöl gewann. Das feinere Verfahren der Destillation, bei dem man als Nebenprodukt das Rosenwasser erhält, wurde in Persien entwickelt und gelangte um die erste Jahrtausendwende zu uns nach Europa.
Vor allem zwei Sorten eignen sich zur Gewinnung des begehrten Rosenöls: die Rosa centifolia und die Rosa damascena. Das Duftöl aus den handgepflückten Blüten ist eine der Essenzen, die ich am liebsten verwende. Es setzt sich aus 450 bekannten Inhaltsstoffen zusammen – und enthält weitere 120, die noch nicht restlos geklärt sind. Der betörende Rosenduft wird in der Aromatherapie zur »Herznote«, weil er unsere Gefühle zu wecken versteht. Daher ist Rosenduft die Grundlage jedes Liebestranks. Vermutlich funktioniert das auch deshalb so gut, weil die Rose die Wirkung anderer Heilpflanzen und ihrer guten Kräfte verstärkt, was bereits Hildegard von Bingen in ihrer Schrift »Physica« festgehalten hat. Im Folgenden zwei schöne Rezepte.

» Heilmittel sind um so besser,
wenn ihnen etwas
von der Rose beigefügt wird. «

HILDEGARD VON BINGEN

Rosenzauber

Hildegards Rosenöl zur entspannenden Massage: Mischen Sie Rosenöl mit reinem Olivenöl im Verhältnis 1:100. Es hilft bei Verspannungen, Kopfschmerzen und Nervenschmerzen.
Hildegards Rosenpulver gegen aufsteigenden Zorn: Rosen und Salbei zu Pulver zerreiben, unter die Nase halten und daran schnuppern. Der Salbei tröstet, die Rose erfreut, der Zorn verfliegt. Auch das kann öfters nützlich sein.

Die Rose erfreut, der Zorn verfliegt …

In den alten deutschen Volksmythen spielt die Rose eine wichtige Rolle: Rosenbüsche halten unerwünschte Besucher fern. Hebammen vergraben die Nachgeburt unter dem Hundsrosenstrauch, der der germanischen Fruchtbarkeitsgöttin Freya geweiht ist. Überhaupt sind die Früchte der Hundsrose, auch Wildrose genannt, aufgrund ihres hohen Gehalts an Vitamin C für die Volksmedizin wichtig. Zudem enthalten sie die Vitamine A, B, E und K, wertvolle Flavonoide, Karotin, Pektin, Fruchtsäure und Gerbstoffe. Geben Kühe keine Milch, schlagen Bäuerinnen mit Hagebuttenzweigen ins Feuer. Gebinde aus Rosenfrüchten über der Haustür sorgen für gute Geister.
Wie stark die Rose ist, können Sie am Tausendjährigen Rosenstock von Hildesheim erleben. Seine Zeit begann im Jahr 815. Neben dem Hildesheimer Dom überdauerte er Brände, Zerstörung, den Bom-

benhagel des Zweiten Weltkriegs, wo er unter Schutt begraben wurde, und blüht doch bis zum heutigen Tag immer wieder aufs Neue. Denn die Rose ist unverwüstlich wie die Liebe.

Das Rosen-Liebesritual

Stellen Sie zwei besonders schöne Rosen in eine Vase. Nehmen Sie ein wertvolles Papier, zum Beispiel Büttenpapier, und bitten Sie Ihren Partner beziehungsweise Ihre Partnerin darum, aufzuschreiben, was er oder sie besonders an Ihnen schätzt. Tun Sie dasselbe: Schreiben Sie auf, welche Eigenschaften Sie an Ihrem Partner/Ihrer Partnerin besonders schätzen. Rollen Sie das Papier zusammen, binden Sie eine Schleife darum und legen Sie es vor die Vase.
Wenn die Rosen langsam verblühen, öffnen Sie gemeinsam das Papier. Lesen Sie sich gegenseitig Ihre Wertschätzung vor und machen Sie sich bewusst, dass diese auch dann gilt, wenn Ihre gegenseitige Liebe schon älter und nicht mehr so taufrisch ist wie ganz am Anfang. Dasselbe gilt übrigens für lange Freundschaften. Es ist ein besonders schönes Ritual!

Heu und Stroh

Der Name unseres Monats Juli ist auf den Geburtsmonat von Julius Cäsar zurückzuführen. Er ersetzte den römischen Mondkalender durch den aus Ägypten stammenden Sonnenkalender. Da ich nichts von Feldherrenmentalität und Machtstreben halte, gefällt mir der altdeutsche Name viel besser: »Heumonat« nannte man den siebten

Monat im Jahr, was sich auf die jetzt stattfindende erste Heumahd bezieht. Auch als »Honigmonat« machte sich der Monat einen Namen, da energetisch gesehen der Mai die Zeit des Umwerbens ist, der Juni die Zeit der Verbindlichkeit und der Juli der Monat des Genusses, bevor im August die Ernte und die Dankbarkeit folgen. Obwohl seit dem 21. Juni die Tage schon wieder kürzer werden, steht der Heumonat für Fülle, Saft und Kraft, für Licht und Sonne, Wachstum und Lebensfreude. In dieser Zeit des Jahres lade ich meine Batterien mit fröhlichen Feiern im Freundeskreis und mit Ritualen zum Thema Wohlstand und Fülle auf.

Ritual: Sich die ganze Fülle gönnen

Unter Männern kommt dieser Satz nicht ganz so häufig vor, er ist eher typisch weiblich: »Das darf ich gar nicht.« Oder abgewandelt »Das steht mir nicht zu« und »Das ist doch zu viel«. Wir stellen nicht nur viel zu oft unser Licht unter den Scheffel – wir gönnen uns auch nicht die ganze Fülle. Damit ist energetisch das Gesetz der Anziehung gemeint: Das Universum gibt uns mehr, wenn wir ihm signalisieren, dass wir mehr wollen. Es gibt uns weniger, wenn wir ihm signalisieren, dass wir weniger wollen. Genau das tun viele Menschen Tag für Tag, indem sie sagen: »Das steht mir nicht zu.«
Daher ist es wichtig, Fülle zu zeigen, und das gelingt besonders gut in den Sommermonaten, wo uns die Natur mit ihrer Fülle umgibt. In dieser Zeit richte ich in meiner Wohnung schöne Schalen her, die ich mit Kräutern, Obst und Gemüse schmücke. Am Ende sieht es immer ein bisschen aus wie beim kommenden Erntedankfest, und

das ist auch die Idee dahinter. Manchmal besorge ich mehr Obst, als ich oder meine Besucher essen können. Doch genau das ist der wichtige Aspekt in diesem Ritual: Damit demonstriere ich Fülle und lade das Universum dazu ein, mir noch mehr Fülle zu gewähren. Es handelt sich jedoch nicht um Verschwendung, dagegen bin ich sogar allergisch. Ich werde noch gesondert darauf eingehen, wie wir – so wie die Frauen früher – darauf achten können, in Küche und Haushalt nichts zu verschwenden. Sehen Sie diese Fülle eher als Opfergabe für die Energie des Universums an. Auch wenn es uns manchmal schwerfällt, sobald wir den Zustand der Erde betrachten, ist eine Erkenntnis sehr wichtig: Die schöpferische Kraft des Universums ist unendlich – nur unsere Sinne und Einsichten sind allzu eingeschränkt. Rituale wie das »Fülleritual« tragen dazu bei, dass wir uns für die unendliche Kraft und Energie des Universums öffnen. Deshalb: Zeigen Sie Fülle!

Trauen Sie sich, denn Fülle ist nichts Verbotenes! Daher feiern wir am 13. Juli auch den schönen Festtag der Göttin Demeter. Die biologisch-dynamische Demeter-Landwirtschaft, die auf dem Wissen des Anthroposophen Rudolf Steiner basiert, wurde nach ihr benannt. Das passt gut, denn Demeter ist die griechische Göttin der Früchte der Erde und damit auch die Göttin der Fülle. Ihrer gedenke ich nicht nur am 13. Juli, doch an diesem Tag besonders.

Ritual für Demeter, die Göttin der Fülle

Ein, zwei Tage vor ihrem Ehrentag suche ich mir bei einem ausgedehnten Spaziergang einige Halme mit Ähren auf einem Getreide-

feld aus. Falls Sie so eine Möglichkeit nicht haben, bekommen Sie auch in vielen Blumengeschäften Halme mit Ähren. Diese binde ich zusammen, schmücke alles noch mit einem schönen Band und hänge die Halme dann in der Küche auf.
Dazu zünde ich eine grüne Kerze an – die Farbe Grün ist die Farbe der Demeter – und bitte die Göttin für das kommende Jahr um Fülle in Küche und Keller.

Mohn: ein Segen

In diesem Monat begebe ich mich auch gerne auf die Suche nach einer der magischsten Pflanzen überhaupt: dem Mohn. Signalrot leuchtet er am Rande der Felder. Seine Samen werden neuerdings als »Superfood« gehandelt, weisen sie doch einen besonders hohen Gehalt an essenziellen Fettsäuren auf, an Aminosäuren, Eisen, Kalzium, Kalium und Magnesium, Kupfer und Zink sowie dem wichtigen Vitamin B_1. Außerdem enthalten Mohnsamen mehr als 20 Prozent Eiweiß und bis zu 50 Prozent linolsäurehaltiges Öl.
Natürlich wussten die Kräuterfrauen das schon lange vor unserer Zeit und verschrieben Mohn außerdem zur Schmerzlinderung und zur Beruhigung. Dazu wurde gerne die Schwester unserer Feldmohnpflanze verwendet, der Schlafmohn. Ritzt man dessen unreife Samenkapseln an, tritt ein weißer klebriger Saft aus – das ist Opium in seiner Rohform. Schon in der Jungsteinzeit wurde Mohn von den Menschen gepflanzt und weitergezüchtet, auch in unserem Kulturkreis: So fand man an den Seen des Schweizer Jura sowie am Bodensee 6000 Jahre alte Mohnsamen. Ungefähr zur selben Zeit wurde im

Vorderen Orient die Anleitung zur Anwendung des Saftes als beruhigende Arznei in Keilschrift in eine noch weiche Tonplatte geritzt. Die Ägypter bezogen Schlafmohn aus Zypern und nutzten das Opium für kultische Handlungen.

Im antiken Griechenland hieß es, die Pflanze sei aus den Tränen der Aphrodite gewachsen. Die Mohnkapsel wurde zum Symbol für die Olympgötter Hypnos, den Gott des Schlafes, Morpheus, den Gott des Traumes, Nyx, die Göttin der Nacht, und den Totengott Thanatos. In Rom gab es im Jahr 312 vor Christus rund 800 Opiumapotheken für chronisch Kranke, Verletzte und Sterbende. Der Dichter Ovid nannte Opium den »Saft des Vergessens«.

Für die Heilkunst ist der Mohn ein Segen, denn sinnvoll eingesetzt, bringt er den Menschen große Erleichterung. Heute benutzt die Medizin vor allem den Inhaltsstoff Morphin und seine schmerzstillende Wirkung. Unser Wort Mohn geht dabei auf das altgermanische Wort »magan« zurück, was drei Bedeutungen hat: Es steht für die Pflanze, den Magen und ein jungfräuliches Mädchen. Denn die Blüte erinnert im Wind an tanzende junge Mädchen, der Samen wiederum füllt den Magen.

Am Tanz der Blüten kann ich mich auch auf ausgedehnten Spaziergängen immer wieder aufs Neue erfreuen. Wenn die Sonne die hauchdünnen Blütenblätter zum Leuchten bringt, der Wind die prächtigen Blumen sanft hin und her wiegt und ich dann noch weiß, dass eine einzige Blüte mehr als zweieinhalb Millionen Pollenkörner für die Insekten bereitstellt, dann ist für mich die Magie der Natur in ihrer schönsten Form präsent, und ich versöhne mich für einen Moment mit dem Rest der Welt.

Magisches Dufterlebnis

Ich liebe die feinen Düfte vieler Pflanzen und gönne mir gerne aufeinander abgestimmte Kompositionen. Weniger ist da oft mehr – es genügt, zwei bis drei verschiedene Duftpflanzen zu sich zu holen.
Da sind zum Beispiel die Gartennelken, zu denen Bartnelken, Prachtnelken und Federnelken gehören. Sie haben einen feinen Vanilleduft. Bei der Duftwicke, die wir sogar noch bis Anfang dieses Monats aussäen können, liegt der Genuss schon im Namen verborgen. Kein Wunder, dass sie seit über 300 Jahren als Duftpflanze gezüchtet wird. Sie wächst wunderbar in kleinen oder größeren Kübeln, die überall auf die Terrasse oder den Balkon passen. Ich mag besonders die pastellfarbige Sorte Rosemary Verey mit ihrer dezenten Duftnote, die angenehm in die Nase steigt. Diese Düfte schulen unsere Achtsamkeit, vor allem, weil sie über den Tag hinweg unterschiedlich intensiv sind.
Und natürlich auch in der Nacht – das Eldorado der Nachtdufter, die mit ihrem Parfüm Nachtfalter anlocken. Zu denen zählen die Nachtkerzen, die Wunderblumen und auch manche Ziertabakarten. Was gibt es Schöneres, als in einer lauen Sommernacht diese sinnlichen Düfte einzuatmen?

Das Lughnasadh-Fest der Fülle

Wenn der Heumonat zu Ende geht, steht eine weitere kraftvolle Feier ins Haus: das Fest Lughnasadh, das dem keltischen Korn- und Erntegott Lugh gewidmet ist. Dieses Fest begehe ich in der Nacht

zum 1. August. Da ich nicht möchte, dass aus so einem Fest eine simple Party wird, bitte ich die Gäste um einen kleinen Beitrag, was Fülle oder Dank für sie bedeutet. Probieren Sie das einmal aus!
Ich bin immer wieder berührt, wie Menschen, die ich seit langer Zeit kenne, auf einmal eine noch unbekannte Seite zeigen. Dabei merke ich, dass alle sehr froh und dankbar sind, wenn wir nicht nur zusammenkommen, um Small Talk zu halten, sondern diesem Zusammentreffen einen höheren Sinn verleihen. Oft höre ich beim Abschiednehmen die Worte: »Das hat mir jetzt wirklich was gebracht.« So soll es sein – auch die kleinsten Rituale geben unserem Alltag eine Tiefe, die wir vorher für unmöglich gehalten haben.

Jetzt können wir aus der Fülle der Natur schöpfen.

Göttin Ceres: üppige Fülle.

AU
GU
ST

Intensive Wärme und neue Magie

»Es gibt eine Kraft aus der Ewigkeit«, schrieb Hildegard von Bingen, »und diese Kraft ist grün.« Auch im August dürfen wir uns mit dieser Kraft stärken, denn in seiner Mitte findet sich ein wichtiger Feiertag, um alle magischen Zutaten aus der Natur zu ehren. Der 15. August ist der Beginn des Frauendreißigers, wie die Zeit zwischen den Festen Mariä Himmelfahrt und Mariä Namen am 12. September genannt wird. Daher heißt es jetzt, so viel wie möglich in die Natur zu gehen und dabei alle Sinne offen zu halten.

Das Spaziergangritual

Ich wiederhole mich da gerne: Um Kraft aus Ritualen zu schöpfen, brauchen diese nicht kompliziert zu sein, im Gegenteil. Einfachheit ist der Schlüssel zu vielem. Wir sollten auch keine Wunder erwarten, denn dafür sind Rituale nicht geschaffen. Sie dienen uns dazu, unsere Antennen zu öffnen und Halt zu gewinnen und zu bewahren.

Wichtig ist, dass wir mit dem Herzen dabei sind und uns nicht ablenken lassen. Daher mag ich dieses leichte Ritual, das sehr intensiv auf uns wirkt, wenn wir die Grundsätze beachten.
Für das Ritual wähle ich eine meiner Lieblingsspazierrunden. Die kenne ich gut – so gut, wie Sie Ihre Lieblingsspazierrunde auch kennen. Das ist erwünscht, denn bei diesem Ritual soll uns nichts Neues staunen lassen und ablenken. Wir wandeln sozusagen auf gewohnten Pfaden, doch heute werden wir das mit besonders offenen Sinnen tun. Nehmen Sie sich also Zeit für diesen Spaziergang und versuchen Sie, alles ganz bewusst aufzunehmen. Mit den Augen. Mit den Ohren. Mit der Nase. Mit dem Tastsinn. Trauen Sie sich ruhig auch einmal, etwas zu schmecken: zum Beispiel ein Stück Rinde oder natürlich eine Frucht, sofern Sie sicher sind, dass sie nicht giftig ist. Fragen Sie sich: Was sehe ich? Was höre ich? Was rieche ich? Was taste ich? Was schmecke ich? Diese Fragen sind von elementarer Bedeutung, wenn wir uns eingestehen, dass wir ein neues System haben, eine neue Welt, die wir nun neu entdecken dürfen.
Mir geht es bei diesem Ritual darum, so intensiv wie möglich in der Gegenwart zu sein. Ich will das Jetzt sehen, hören, riechen, tasten und schmecken. Gelingt uns das, bereichert das Spaziergangritual den Alltag ungemein und gibt uns gleichzeitig Halt und Stütze.

Platz für Neues

Natürlich nutze ich Öle und Räuchermischungen das ganze Jahr über, doch in der besonders intensiven Wärme des Monats August werde ich immer wieder aufs Neue an ihre Magie erinnert. Ich halte

mir gerne den weisen Satz von Paracelsus vor Augen, der uns darauf hinwies, dass jedes Land und jede Region eigene Arzneien habe. Deshalb lenke ich die Aufmerksamkeit gerne auf das, was bei uns blüht und wächst, auch wenn es als Unkraut verschrien ist.
Über die machtvolle Brennnessel haben wir schon gesprochen, und der Beifuß hat eine ähnliche Geschichte. Schon sein Name »Gewöhnlicher Beifuß« und dass er häufig an Zivilisationsorten wuchert oder auf Schutthalden, sorgt dafür, dass so manche*r achtlos an ihm vorübergeht. Dabei bereichert der Beifuß unsere Kräuterküche mit seinem süßlichen und bitterwürzigen Geschmack, zum Beispiel in Salaten und Eierspeisen. Er steckt voller Gerbstoffe, Cumarine und Flavonoide, wirkt muskelentkrampfend und entspannend auf Nerven. Diabetiker vom Typ 2 schätzen seine Unterstützung der Bauchspeicheldrüse. Daneben ist er auch eine kraftvolle Räucherpflanze und wirkt, angesetzt als Öl, gegen müde Füßen und Rheumatismus.

Ritual: Störende Energie ausräuchern

Auch beim Räuchern gelten die Grundsätze aller Rituale: Ob Sie dabei sprechen, singen oder ganz still sind, darauf kommt es nicht an. Wichtig ist, dass Ihr Räucherwerk von Herzen kommt und dass Sie etwas damit verbinden. Mit diesem Ritual können Sie »dicke Luft« wegräuchern. Das kann nach einem Streit sein oder nach dem Besuch von Menschen, die unangenehm waren, oder auch, ganz wichtig, wenn Sie merken, dass immer wieder negative Gedanken Ihren Geist besetzen. Zum Räuchern brauchen Sie eine kleine Ausrüstung, bestehend aus einem Räuchergefäß, einer Feder oder einem Fächer,

einer Zange, etwas Sand, Räucherkohle, einem Dosierlöffel und natürlich dem Räucherwerk – das sind die Kräuter, die wir verwenden wollen.
Das Räuchergefäß oder die Räucherschale soll feuerfest sein. Ich mag Gefäße, die ich sicher in einer Hand halten kann, damit ich damit in jede Ecke gelange. Mit Feder oder Fächer verteile ich den Rauch dorthin, wo ich ihn haben möchte. Im Gefäß befindet sich ein wenig Sand, damit die Hitze der Kohle etwas abgeschwächt wird. Die Kohle fasse ich mit der Zange an, dann geht auch das Anzünden leicht.

»Mein Rauch vertreibt alles, was hier stört.«

Gute Räucherkohle erkennen Sie daran, dass sie geruchlos ist. Allenfalls beim Anzünden darf man etwas riechen – danach soll sie den Duft des Räucherwerks nicht beeinträchtigen. Nach rund zehn Minuten ist sie weiß geworden und damit bereit, mindestens eine Stunde lang zu glühen. Darauf legen wir unser Räucherwerk. Gegen die schlechten Energien nehme ich den Beifuß.
Ich gehe entgegen dem Uhrzeigersinn durch die Wohnung und wedle den Rauch von mir weg. Je nachdem, wie ich drauf bin, denke und spreche ich dabei den Satz: »Mein Rauch vertreibt alles, was hier stört.« Manchmal singe ich ihn auch! Wichtig ist: Wir dürfen – ja wir sollen – emotional beim Ritual sein, denn die Gefühle unterstützen den Akt der Reinigung.
Wie alt Räuchern ist, weiß niemand. Es gibt keine Kultur, keinen indigenen Stamm und keine Religion ohne eine lange Historie des

Räucherns. Gut vorstellbar, dass unsere Urahn*innen einfach durch Learning by doing die wohltuende Kraft des Räucherns entdeckten, als sie ein paar Wacholderäste ins Feuer legten und sich auf einmal ein Duft breitmachte, der die Nase befreite und zum Durchatmen einlud. Durch die Hitze des Feuers – oder der glühenden Kohle – öffnet sich der Zellkern der Pflanze. Damit kann die feinstoffliche Pflanzeninformation über den Rauch zu uns vordringen.
Ach ja, eine kleine Anmerkung: Wahrscheinlich haben Sie wie ich Rauchmelder in der Wohnung installiert. Diese sollten vor dem Räuchern abgeschaltet werden. Bitte denken Sie daran, sie anschließend wieder einzuschalten!

Duftende Öle – selbst gemacht

Anders als beim Räuchern würden wir zur Herstellung von ätherischen Ölen mehr Geräte benötigen. Doch es geht auch ohne Destille, wenn wir einfach Pflanzenauszüge in fettem Öl machen.
Mir kommt es dabei sehr darauf an, dass ich die Kräuter und Blüten, die ich verwenden will, mit Dankbarkeit sammle. Auch wenn ich sie kaufe, erwerbe ich sie nicht einfach »nur so«, sondern verbinde mich gedanklich mit der entsprechenden Pflanzendeva.
Ich schneide die Kräuter und Blüten klein und gebe sie in ein gut verschließbares Gefäß, das kein Licht durchlässt. In einem Topf erwärme ich sehr gutes Öl. Es kommt mit ins Gefäß, anschließend lasse ich das Ganze ein paar Tage ziehen, bevor ich das Öl abseihe. Ich habe es mir zur Regel gemacht, immer nur eine kleine Menge herzustellen, denn gute Öle sind sehr ergiebig.

Fülle und Ausgeglichenheit

Im Monat August fühle ich die schönste Ausgeglichenheit. Fast ist es, als ob diese Tage dem Mann, nach dem sie benannt wurden, zur Ehre gereichen wollten. Anders als der kriegerische Julius Cäsar ist sein Nachfolger Augustus bekannt für eine Epoche der Mäßigung und staatlichen Reformen. Das passt gut zu unserer Zeit, in der die Pandemie lang bestehende Strukturen und Sicherheiten erschüttert hat. Unter Kaiser Augustus' Herrschaft, die 44 Jahre dauerte, erlebte Rom eine kulturelle Blütezeit und eher ruhige Jahre, verglichen mit den ansonsten turbulenten Zeiten.

Lavendelblüte und Sommersonne: was für ein himmlischer Duft!

Danach sehnen auch wir uns, und im August können wir am besten spüren, wie es sein kann. Ich erinnere mich in diesem Monat gerne an meine Kinder- und Jugendzeit in Ulm zurück. August war der Monat, in dem wir barfuß durch die Gegend liefen – was ich heute immer noch so oft wie möglich mache. Wir hatten hitzefrei, planschten an Bächen und Seen, und die großen Ferien schienen endlos. Ich glaube, damals habe ich zum ersten Mal gespürt, was Freiheit für das Individuum, also für uns alle bedeutet. Diese Freiheit gönne ich mir noch heute so oft wie möglich. Denn sie ist ein Gut, das wir immer wieder verteidigen müssen.

Aromatische Kräutersegen

Den Sommermonat August schließe ich gerne ab, indem ich mich noch einmal unseren guten Freunden, den Kräutern, widme. Ich mag die richtigen Düfte zur rechten Zeit – und daher stelle ich mir jetzt gerne meine Sommer-Duftsäckchen her. Lavendel, der herrlich duftet und nebenbei Motten vertreibt, kommt hinein, dazu Rosmarin und Eberraute, Minze, etwas Salbei und Rosenblütenblätter. Die getrockneten Kräuter zerbrösele ich und stecke sie in kleine Stoffsäckchen, die ich nach Lust und Laune in der Wohnung verteile – natürlich auch im Kleiderschrank.
Übrigens wirkt ein Sträußchen Rainfarn wirkungsvoll als Duftsperre, falls die Augustwärme Ihnen Ameisen, Asseln oder Ohrwürmer im Haus bescheren sollte. Der Rainfarn ist überhaupt eine interessante Pflanze. Die Volksheilkunde kennt ihn, seit Imker*innen festgestellt haben, dass er in getrocknetem Zustand aufgeregte Bienen-

völker beruhigen kann. Da er schwach giftig ist, können wir ihn nur homöopathisch anwenden. Dann allerdings ist er sehr wirkungsvoll gegen nervöse Erschöpfung, bei Menstruationsbeschwerden und bei Verdauungs- und Magenproblemen. Ich mag seine gelben dichten Blüten, die wie kleine Sonnen aussehen – und sich immer nach der Sonne richten, weshalb der Rainfarn als Kompass im Garten wirkt.

Duftwasser herstellen

Sehr einfach können wir uns ein Duftwasser herstellen. So, wie wir einen Tee zubereiten, gießen wir Rosen, Lavendel, Zitronenmelisse, Pfefferminze oder Duftperlagonien auf. Den Aufguss lassen wir kalt werden, seihen ihn in eine Zerstäuberflasche ab und können nun damit die Raumluft parfümieren.
Wenn ich etwas mehr Duftwasser anfertige, gebe ich es in mein Entspannungsbad. Als Weichspülerersatz gibt es einen wunderbaren Duft in die Wäsche und schont zugleich die Umwelt.

Abends, auf der Terrasse, zünde ich eine Duftlampe an. Sie wird durch Teelichter erhitzt und verdampft das Wasser, das ich mit meinen Aromaölen besprenkle. Oft kommt wieder Lavendel zum Einsatz, ich mag aber auch eine Mischung aus Salbei und Muskateller. Dann sitze ich da und gebe mich meinen Gedanken hin.
Im August nehmen wir das kaum wahr, doch die Tage werden schon seit einiger Zeit wieder kürzer. Genau genommen befinden wir uns bereits im zweiten Halbjahr, doch erst wenn die kühleren Septembertage kommen, wird mir das so richtig bewusst.

Krafttiere: magische Verbündete.

SEP
TEM
BER

Kreative spätsommerliche Atempause

In diesem Monat habe ich Geburtstag. Und ich finde es sehr lustig hineinzufeiern. Allerdings ist mir Mitternacht meist zu spät, vor allem unter der Woche. Irgendwann habe ich beschlossen, mehr auf meine Bedürfnisse zu hören und mich ganz einfach nach einer anderen Zeitzone zu richten – im letzten Jahr war's die Dubai-Zeit, also drei Stunden vor der MEZ. Der fröhliche Happy-Birthday-Song wurde deshalb um 21:00 statt um 24:00 Uhr gesungen. Als die deutsche Uhr Mitternacht schlug, lag ich schon selig im Bett.

Es ist ein anregender Gedanke, der dahintersteckt: Unsere Vorfahr*innen hielten sich an die Regeln und Gesetze der Natur – wir dagegen halten uns vor allem an unsere menschengemachten Regeln und Gesetze, wozu der Kalender zählt und die Tatsache, dass unsere Uhren im 24-Stunden-Rhythmus ticken. Wir können Energie und Kraft gewinnen, wenn wir diese Regeln kreativ auslegen und uns ihnen nicht sklavisch unterwerfen. Das ist manchmal einfacher gesagt als getan, deshalb unterstützt uns dabei dieses starke Ritual.

Ritual: Welche Regeln gelten für mich – und welche nicht?

In sogenannten normalen Zeiten machen sich viele Menschen kaum Gedanken darüber, ob menschengemachte Regeln für sie tatsächlich Sinn ergeben. Stattdessen verlieren sie Energie, weil sie sich darüber ärgern oder den Aufwand zu groß einschätzen, dagegen anzugehen. Die Pandemie hat jedoch gezeigt, dass in Krisensituationen Regeln häufiger infrage gestellt werden. Daraus können wir Positives für unseren Alltag ableiten: Stellen Sie sich die Frage, welche Regeln gut für Sie sind und welche nicht.

Das ist kein Ritual, das man mal eben so nebenher macht. Ich empfehle, eine Liste zu erstellen und sich dafür Zeit zu lassen, am besten den ganzen September lang. Schreiben Sie auf, an welche Regeln Sie sich gerne halten, weil sie Ihnen Sicherheit verleihen. Schreiben Sie auch auf, welche Regeln Sie verunsichern und Ihnen die Energie rauben. Diese beiden Listen geben Ihnen einen Verhaltensleitfaden an die Hand, mit dem Sie voller Stärke und Zuversicht nicht nur durch die nächste Krise, sondern auch durch den Alltag kommen.

Zeit der Übergänge

Der September, der seinen Namen weder einer Göttin noch einem Kaiser verdankt, sondern der schlichten Tatsache, der siebte Monat im römischen Kalender zu sein – »septem« ist die Sieben –, markiert im Jahreskreis viele Übergänge. Ich erinnere mich noch gut, wie die endlos scheinenden »großen Ferien« auf einmal doch zu Ende gingen

und die Schule und damit eine neue Klasse wartete. Für uns Kinder war das ein ernst zu nehmender Übergang. Auch der Übergang vom Kindergarten in die Schule war im September erfolgt. Selbst in Joanne K. Rowlings magischer Welt von Harry Potter ist das nicht anders: Der Hogwarts-Express fährt am 1. September Punkt 11:00 Uhr vom Bahnhof King's Cross in Richtung Zauberschule Hogwarts ab, wo an diesem Tag das Schuljahr für die Zauberlehrlinge beginnt. Nicht in Hogwarts, sondern ganz real bei uns wird in diesen Tagen auf den Feldern die restliche Ernte eingebracht, und auch in den Weinbergen ist man bald damit fertig.
Das Fest Alban Elued steht ins Haus, der Vorläufer unseres heutigen Erntedankfestes. Dieses Fest findet zur Herbst-Tagundnachtgleiche statt, also vom 22. auf den 23. September. Von nun an werden die Tage wieder kürzer. Für mich persönlich ist das oft kein einfacher Tag, weil ich mich nur schwer an die zunehmende Dunkelheit gewöhnen kann.

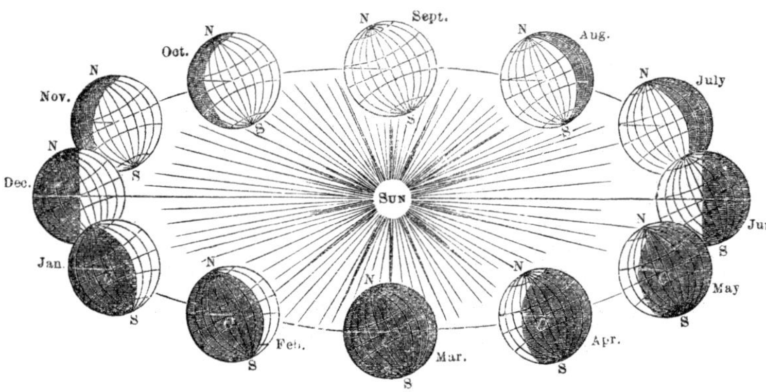

Äquinox: hell und dunkel im Einklang.

Dessen ungeachtet ist das Herbstäquinox, wie dieser Zeitpunkt in der Hexentradition genannt wird, für uns alle sehr wichtig. Denn nun geht es darum, dankbar zu sein und zu reflektieren, was uns das Jahr alles geschenkt hat.
Deshalb mag ich diesen keltischen Erntebrauch, der sich bis heute in ländlichen Gebieten gehalten hat: Die letzte Garbe wird auf dem Feld nicht geschnitten, sondern zusammengebunden und mit Feldblumen geschmückt. Das war zum einen ein Dankesopfer an die Götter, zum anderen eine Gabe für die Armen. Anschließend wurden schwangere Frauen über die geschmückten Ähren getragen, um die Erden- und die Menschenfrucht zu segnen.

Meditation: Was habe ich in diesem Jahr dankbar erhalten?

Sie erinnern sich an unsere Meditation »Was kann ich zurückgeben?«, die wir zum Äquinoktium, dem Tag der Frühjahrs-Tagundnachtgleiche, durchführten? Nun haben wir das Pendant im Herbst erreicht, und wir wollen uns auch heute unserer Dankbarkeit widmen.
Auf einem Stuhl sitzend, mit gutem Halt, beginnen Sie damit, die Füße auf dem Boden zu spüren und ihre feste Verwurzelung zu genießen. Legen Sie Ihre Handflächen auf die Oberschenkel. Schließen Sie die Augen und lassen Sie Ihren Atem fließen.
Visualisieren Sie das Wort »Danke« und fühlen Sie die Kraft und Energie, die von ihm ausgeht. Was alles haben Sie in diesem Jahr bereits erhalten? Dafür dürfen Sie sich mit inniger Freude beim Universum bedanken.

Der Falke fliegt

Zwar gibt es auf unserer Welt über 7000 Nutzpflanzenarten, doch seit die Menschen ein Feld und einen Garten bestellen, stillen sie ihren Hunger mit ungefähr dreißig Arten. Vier dieser Nutzpflanzen sicherten den Menschen über die Jahrtausende hinweg das Überleben: In Asien ist es der Reis, in Nord- und Südamerika der Mais, in Afrika der Yams und in Europa der Weizen. Daher gibt es über die Welt verbreitet das starke Symbol der nahrungsspendenden Göttin: In Asien ist es die Reismutter, in Amerika die Maismutter, in Afrika die Yamsmutter und bei uns in Europa die Weizenmutter, die in unserem germanischen Kulturkreis als Roggenmuhme auftritt. Sie wird symbolisch aus Garben gebunden und festlich geschmückt.
Der September ist auch der Monat, in dem ich versuche, mich mit meinem magischen Krafttier zu verbinden. Gerne erinnere ich mich an die Geschichte eines Freundes, wie er zu seinem ureigenen Tierwesen kam. Dieser Freund ist ein Mensch, der lange Jahre von einer inneren Unruhe getrieben wurde. »Das ist mein nomadisches Gen«, pflegte er zu sagen, was ich nur zu gut nachempfinden konnte, da ich Ähnliches in mir trage. Bei ihm führte es dazu, dass er ständig unterwegs war und rund um den Erdball reiste. Das mag spannend klingen, führte aber auch dazu, dass er nirgendwo zur Ruhe kam. Und zu Hause war er ständig mit Wohnungswechseln beschäftigt – wenn ich fragte, was er gerade mache, bekam ich meistens zur Antwort, er sei wieder mal am Umziehen.
Bei einer Visionssuche passierte Folgendes: Im Ritual ging es darum, sein Tierwesen zu finden. Fast alle Teilnehmer träumten davon, ein

scheinbar starkes Tier wie Löwe oder Elefant als Seelenfreund*in zu finden, erzählte mir mein Freund später. »Bei mir«, fuhr er fort, »machte sich jedoch ein seltsames Vogelwesen breit. Zunächst war ich geradezu enttäuscht, denn es war sogar ein recht zerrupftes Geschöpf, das da nicht mehr von meiner Seite wich. Dann sah ich genau hin und entdeckte, dass dieser Vogel wunderbare Flügel hatte, die tatsächlich von den Stürmen des Lebens zerzaust waren. Und auf einmal sagte er zu mir: ›Du musst nirgendwo mehr hin. Du warst schon überall.‹ Diese Stimme war in mir, füllte mich komplett aus. Mehr Botschaft gab es nicht, doch das genügte. Auf einmal wurde mir nämlich klar: Ich war schon überall gewesen. Und wenn nicht in diesem Leben, dann in einem der letzten. Plötzlich verspürte ich eine innere Ruhe, die ich nicht kannte. Es war wie ein Sinneswechsel, und es fühlte sich großartig an.« Dieses Gefühl hält bis heute an. Mein Freund reist noch immer, doch das tut er nicht mehr wie ein Blatt im Wind, sondern nach Lust und Laune. Auch ein Zuhause hat er gefunden, einen Ort, der ihm Kraft und Energie schenkt. Das ist die Macht, die ein Tierwesen uns verleihen kann – wenn wir zulassen, dass es zu uns kommt, und wir ihm Beachtung schenken.

Ritual: Mein magisches Tierwesen als Verbündeter

Dieses Ritual sollten Sie in der freien Natur vollziehen und am besten an einem Ort, an dem Sie ganz für sich und völlig ungestört sind. Nehmen Sie sich die Zeit, diesen Ort zu suchen, und nehmen Sie sich Zeit für das Ritual selbst. Machen Sie sich vorher klar, dass die Suche

Laden Sie Ihr Krafttier zu sich ein. Es wird kommen!

und das Finden des eigenen Tierwesens etwas Neues und Entscheidendes nach sich zieht. Es können magische Dinge geschehen: Einen Freund von mir, der bei diesem Ritual einen Falken als magisches Tierwesen fand, flog beim Verlassen des Waldes ein echter Falke immer wieder an, bis er sich ihm auf die Schulter setzte.

Für eine Schamanin oder einen Schamanen ist das nichts Ungewöhnliches, für uns hingegen schon. Daher erschrecken Sie bitte nicht, wenn sich Ihnen während oder nach dem Ritual Tiere auf eine vertrauliche Weise nähern, die das vorher nie getan haben.

Wenn Sie eine Stelle in der Natur gefunden haben, wo Sie ungestört und sicher sind, verbinden Sie sich mit Ihrer Umgebung. Was bedeutet das? Gemeint ist, dass Sie all Ihre Antennen auf Empfang schalten, um mitzubekommen, was um Sie herum passiert. Menschen, die darin geübt sind, hören dann sprichwörtlich das Gras wachsen. Es geht in diesem Zustand nicht darum, eine schamanische Traumreise zu unternehmen, sondern genau zu spüren, wo Sie sind, was Sie sind und was um Sie herum vor sich geht.

Wenn Sie diesen Zustand erreicht haben – und lassen Sie sich bitte Zeit dabei –, dann bitten Sie Ihr Tierwesen darum, zu Ihnen zu kommen. Beachten Sie, dass Sie sich nun kein Wunschtier vorstellen wie die mutige Löwin oder den starken Elefanten, sondern Ihr persönliches Krafttier herbeiwünschen. Was immer sich dann manifestiert, ist richtig. Es gibt hier keinerlei Wertung – und genau das ist der schwierigste Teil in diesem Ritual, da wir Menschen so sehr auf Wertungen geeicht sind.

Wenn Ihr Tierwesen kommt, beginnen Sie einen Dialog mit ihm. Ich mache das so, wie wenn ich Freund*innen treffe. Die frage ich schließlich auch als Erstes, wie es ihnen gerade geht, das ist ja ganz normal. Das Tierwesen wird antworten – und Sie werden seine Stimme mit irgendeinem Ihrer Sinne vernehmen.

Es gibt die unterschiedlichsten Erfahrungen mit diesem Ritual. Manche berichten, dass sie tatsächlich ein Gespräch führen konnten. Andere – wie mein Freund mit dem Vogelwesen – bekamen eine klare Aussage zu hören. Es gibt Menschen, die schweigen mit ihrem Tierwesen, und genau das ist es, was für sie wichtig war. Mitunter gibt es einen Abschied. Manchmal verschwindet das Tierwesen einfach. Oder es manifestiert sich als echtes Tier wie bei meinem Freund mit dem Falken, was natürlich nur mit Tieren aus der heimischen Tierwelt möglich ist. Dieser Falke kam einen ganzen Sommer lang zu meinem Freund, sobald dieser das Waldstück betrat.

Sind wir wieder allein, kehren wir mit tiefen Atemzügen in unsere Welt zurück. Denn tatsächlich haben wir mit diesem Ritual für einen Moment eine ansonsten für uns Menschen verborgene Parallelwelt betreten. Schamaninnen und Schamanen tun das in Heilungsritualen, und wer jemals ihre körperlich-seelische Erschöpfung nach so einer Reise erlebt hat, weiß, dass diese Reisen nicht ohne sind. Denn dabei begeben sie sich selbst in eine Krankheit und durchleben diese spirituell, erkennen, wie sie sich selbst heilen könnten, und lernen

daraus, wie sie mit der kranken Person arbeiten können. Schamanen wissen, dass jeder sich selbst heilen muss. Der Schamane ist nicht Quelle der Heilung, sondern der Führer zur Selbstheilung.
Nach Ihrer Tierwesen-Reise machen Sie sich erst dann auf den Heimweg, wenn Sie sich kräftemäßig dazu in der Lage fühlen.
Das magische Tierwesen ist unser/e Freund*in und Unterstützer*in. Egal, in welcher Form es zu uns gekommen ist, seine Botschaft trägt immer viel Wahrheit in sich. Das kann auch eine Wahrheit sein, der wir zunächst misstrauen oder die wir nicht hören wollen, weil sie unbequem ist. Der Grund ist, dass ein Tierwesen weder wertet noch urteilt. Alles ist gleich-gültig, was ein ungemein starkes magisches Gesetz ist. Gleich-gültig bedeutet, dass alles die gleiche Gültigkeit hat. Das wiederum bringt mit sich, dass wir keine Fehler machen können. Ihr Tierwesen ist der Überbringer dieser ungeheuer starken Freistellung von jeglicher Schuld.

Alles ist gleich gültig.

Es gibt keine Fehler.

Auch abseits der Welt der magischen Tierwesen sind Tiere wichtige Partner*innen für uns. Ich persönlich kann mir gar kein Leben mehr ohne meine Tierfreund*innen vorstellen. Allein, wie sehr unsere Möglichkeiten der Kommunikation wachsen, wenn wir uns mit unseren Tieren verständigen! Oder die oft überwältigende Tatsache, be-

dingungslose Liebe zu erfahren – auch etwas, womit wir Menschen uns schwertun, seit wir Liebe an viele Bedingungen geknüpft haben. Sie kennen sicher diese Wenn-dann-Situationen: Wenn mein*e Partner*in das und das tut, dann kann ich ihn/sie wertschätzen und lieben. Tut er/sie aber das Gegenteil … oh, dann hängt der Haussegen schief. Keines der Tiere, die bisher mein Leben teilten, kennt solche Wenn-dann-Situationen. Sie kennen nur Liebe, die an keinerlei Bedingungen geknüpft ist.
Ein überwältigendes Gefühl und eine große und großartige Aufgabe für uns selbst.

Meditation: Ich fühle bedingungslose Liebe für die ganze Welt

Diese Meditation gehört zu meinen absoluten Lieblingen, denn sie beschert uns ein überwältigendes Freiheitsgefühl. Alles wird federleicht, sobald wir unsere Bedingungen für Liebe loslassen können.
Sie können gerne wieder auf einem Stuhl Platz nehmen, mit gutem Halt, Ihre Füße auf dem Boden spüren und ihre feste Verwurzelung genießen. Legen Sie Ihre Handflächen auf die Oberschenkel. Schließen Sie die Augen und lassen Sie Ihren Atem fließen.
Visualisieren Sie den Satz »Ich fühle bedingungslose Liebe für die ganze Welt«. Wenn es Ihnen hilft, murmeln, sprechen oder singen Sie ihn. Wiederholen Sie ihn, wenn Sie merken, dass dadurch seine Kraft entfaltet wird.
Spüren Sie die unendliche Erleichterung, keine Bedingungen mehr an Ihre Liebe knüpfen zu müssen. Sie sind absolut frei!

Magisch: die Kraft des Mondes.

OK
TO
BER

Ein Monat wie gesponnenes Gold

Nun erwartet uns der goldene Oktober. Der Monat, der für seinen Namen ein bisschen Kopfrechnen verlangt. Nach unserem gregorianischen Kalender ist er die Nummer zehn, bei den Römern war er dagegen die Nummer Acht, was sich in der Namensgebung niederschlug: »Okto«, die römische acht, wurde unser Oktober. Bedenken wir dann noch, dass in Hexenkreisen am letzten Tag des Oktobers das Ende des Jahres gefeiert wird, weil im November das neue Hexenjahr beginnt, scheint vieles nach Ordnung zu rufen. Und so ist es: Im Oktober sind die Energien der Neuordnung besonders hoch – und damit kommt auch schon der Mond ins Spiel.
Im Februar haben wir bereits ein wenig über die magischen Kräfte des Mondes gesprochen. Wer am Meer wohnt, bekommt durch die Gezeiten jeden Tag auch seine physikalische Wirkung auf die Erde zu spüren: Er verursacht Ebbe und Flut. Das macht er ebenfalls in kleineren Gewässern wie Seen, nur fallen dort die Gezeiten entsprechend kleiner aus.

Es gibt wohl keine Kultur, in der der Mond nicht eine besondere Rolle spielte. Auf der Basis seines Umlaufs um die Erde – der 29,5 Tage dauert – wurden Kalender berechnet. Weil ein Sonnenjahr nicht glatt durch 29,5 Jahre teilbar ist, hatten viele dieser Kalender einen ständigen Wechsel von 12 auf 13 Monate und wieder zurück. Nach 19 Jahren waren dann Sonnenjahr und der Mondumlauf wieder synchron. Das ist eine spannende Zahl: In der Numerologie steht sie für Glück, Freude, Liebe und Dankbarkeit, Optimismus und Lachen. Zugeordnet ist ihr die Sonne, womit sich der Kreis schließt. Auch in der Bibel hat die 19 eine starke Bedeutung, weil dort die Ziffer 1 für Gott steht und die Ziffer 9 für das göttliche Geheimnis.

Wir alle sehen das Sonnenlicht, das der Mond reflektiert, und nehmen es als Wechsel von Vollmond zum Neumond und wieder zurück zum Vollmond wahr, eben in diesem Rhythmus von 29,5 Tagen. Das machen nicht nur wir, das macht auch die Tier- und die Pflanzenwelt. Diese wichtige Orientierung für Menschen, Tiere und Pflanzen wird durch die zunehmende Lichtverschmutzung gestört. Dabei ist es für uns äußerst wichtig, die Mondphasen wahrzunehmen und uns danach zu richten.

» Wandle, wandle, holder Schimmer!
Wandle über Flur und Au,
gleitend, wie ein kühner Schwimmer,
in des stillen Meeres Blau. «

FRANZ GRILLPARZER: AN DEN MOND

Die Kraft des Mondes

Der Neumond ist unser Signal zur Neuorientierung. Wenn wir etwas Neues beginnen wollen, starten wir damit am besten in dieser Zeit. Alte Gewohnheiten ablegen, frische Energien spüren – diese Mondphase unterstützt uns dabei. Auch Heilfasten und Entschlacken funktionieren in der Neumondphase am besten. Wenn wir bei Neumond die Haare schneiden, wachsen sie schneller.
Nimmt der Mond zu, stehen die Zeichen auf Wachstum. In diesen zwei Wochen zwischen Neumond und Vollmond wirkt alles, was Mensch, Tier und Natur stärken oder aufbauen soll, doppelt gut. Säen wir aus oder pflanzen ein, können wir eine deutlich schnellere Entwicklung der Pflanzen beobachten.
Der Vollmond steht für die Fülle – ein ganz wichtiges Thema für uns. Oft klagen Menschen darüber, in dieser Mondphase schlecht zu schlafen, und führen das auf hohe Energie zurück. Tatsächlich schlafen sie nicht so gut, weil sie sich die Fülle nicht gestatten. Spätestens bei Vollmond wird uns noch einmal vor Augen geführt, ob wir in diesem Bereich nachjustieren dürfen. Das funktioniert jetzt deshalb besonders gut, weil wir uns in der Vollmondphase optimal auf unsere Stärken und unseren Eigenwert konzentrieren können. Das kann durch intensives Träumen geschehen – oft mit Visionen verbunden – oder in tiefer Meditation. Bei Vollmond sind wir aufnahmebereit und sensibel. Das bringt allerdings auch eine erhöhte Schmerzempfindlichkeit mit sich, weshalb es ratsam ist, auf nicht lebensnotwendige Eingriffe zu verzichten. Verletzungen heilen bei Vollmond ohnehin schlechter und damit auch Wunden nach Ope-

rationen. Dafür eignen sich Vollmondtage und erst recht Vollmondnächte zum Sammeln von Heilkräutern, die in dieser Mondphase besonders wirkungsvoll sind.
Übrigens wurde jedes fünfte Neugeborene in einer Vollmondnacht gezeugt. Das ist auch kein Wunder, denn unser Körper schüttet in solchen Nächten mehr Hormone als sonst aus. Selbst die Farbempfindlichkeit unserer Augen ändert sich: In den Tagen um den Vollmond sehen wir die Farbe Rot besser als die Farbe Blau.

Im Oktober ändert sich nicht nur die Farbe der Blätter.

Jetzt im Oktober hat der Vollmond eine weitere Besonderheit: Rituale, die mit Veränderung und Transformation zu tun haben, werden begünstigt. Darauf kommen wir gleich zurück.
Nimmt der Mond wieder ab, können wir das symbolisch mit einem Ausatmen vergleichen. Nun können auch wir abgeben, zum Beispiel Verwundungen und Verletzungen. Deshalb sind Operationen jetzt günstig, aber auch längst fällige Aussprachen. Grundsätzlich erfolgt Heilung bei abnehmendem Mond schneller, körperlich wie physisch. Wer abnehmen will, sollte die Diät bei abnehmendem Mond beginnen. Selbst Prüfungen gehen jetzt leichter von der Hand.

Für uns Frauen ist der Zusammenhang von Mondzyklus und Menstruationszyklus von Bedeutung. In früheren Zeiten war der Zyklus der Frau noch synchron mit dem Mondzyklus, was sich durch die modernen Lebensgewohnheiten und das künstliche Licht geändert hat. Mittlerweile gibt es genügend Studien, die zeigen, dass Frauen, deren Zyklus im Gleichtakt mit dem des Mondes schwingt, bessere Chancen haben, schwanger zu werden. Geburten wiederum finden bei Vollmond eher in der Nacht statt, in der Phase des Neumonds dagegen vermehrt tagsüber.

Mein Transformationsritual

Beim Transformationsritual gehen wir von zwei ganz grundlegenden Dingen aus: Wir haben Fragen an das Leben – und das sind zum Teil sehr große, tiefgehende Fragen –, doch es ist sicher, dass die Antwort darauf existiert. Dazu kommt die Gewissheit, dass unser Leben aus Bewegung und Weiterentwicklung besteht.

In diesem Ritual werden diese beiden Punkte miteinander verknüpft: Wir stellen uns einer Frage, auf die wir selbst keine Antwort haben, aber wir vertrauen darauf, dass diese Antwort im Universum existiert, und wir verbinden sie mit Bewegung. Weil ich aus der Yogakultur komme, ist es bei mir Yoga. Wenn Sie lieber wandern, Rad fahren oder schwimmen, ist auch das möglich. Hauptsache, der Körper bewegt sich.

Packen Sie's an: Nehmen Sie die drängende Frage, die Sie gerade in diesem Lebensabschnitt begleitet. Beginnen Sie das Ritual, indem Sie das Universum um Halt und Leitung bitten. Wie macht man so etwas? Ich nutze dazu gerne den Namen von Göttinnen und Göttern irgendeiner Kultur und irgendeines Zeitalters, mit denen ich gerade in harmonischer Verbindung stehe, egal ob sie dem griechischen Olymp, der germanischen Walhalla, dem christlichen Himmel oder sonst einer der übergeordneten Welten entstammen.

Die Göttinnen und Götter sind universell und immer für uns da.

Das ist wichtig: Es kommt nicht darauf an, ob Sie einem ganz bestimmten Gott folgen oder einem selbst ernannten Guru. Göttinnen und Götter sind universell, sie kennen weder Raum noch Zeit und sind deshalb für uns da, wenn wir sie brauchen. Wichtig ist, Vertrauen zu haben. Deshalb können Sie zum Beispiel sagen:

»Ich vertraue mich dir, Göttin Juno Februata, an, du Göttin der Liebe und der Leidenschaft. Bitte wirke durch mich und führe mich. Gib mir den Halt und die Zuversicht, die Antwort zu finden!«

Dann gehen, laufen, hüpfen, tanzen, schwimmen Sie los oder beginnen mit Ihren Yoga-Asanas.

Erwarten Sie bitte nicht, dass am Ende dieser Einheit die Antwort aufpoppt. Vielleicht tut sie das, vielleicht auch nicht. Wichtig ist, dass Sie sich in Bewegung damit beschäftigen! Damit werden erste Heil- und Transformationsprozesse in Bewegung gesetzt. Darauf kommt es uns an!

Yoga im Transformationsprozess

Weil ich selbst tief in der Yogakultur verwurzelt bin, möchte ich Ihnen eine kurze Anleitung mit an die Hand geben. Yoga ist in der indischen Tradition schon seit Jahrtausenden das Mittel der Wahl, um die Verbundenheit von Körper, Geist, Seele, Erde und Universum zu zelebrieren. Als Yoga dann in die westliche Welt kam, entstanden die modernen Formen, wie sie heute oft praktiziert werden. Grundsätzlich ist aber auch hier der ganzheitliche Ansatz der richtige. Durch Yoga werden unsere Muskulatur, Bänder, Sehnen und Fascien kräftiger und beweglicher und gleichzeitig Koordination und Gleichgewichtssinn verbessert. Doch kommt es dabei sehr auf die Qualität der Übungen an, nicht auf die Quantität. Und damit hat Yoga eine innige Verknüpfung mit dem Ritual, wo es darauf ankommt, mit ganzem Herzen dabei zu sein.

Yoga zelebriert ganzheitliche Verbundheit.

Im Yoga bedeutet das: Wir führen die Bewegungen achtsam und sauber aus und bringen dabei unsere Tiefenatmung mit der Seelenschwingung in Einklang. Richtig ausgeführt erfährt man dadurch eine Entspannung, die der von Meditation ähnelt, und bleibt trotzdem in Bewegung. Gerade für Menschen, die ohnehin unter Bewegungsarmut leiden oder aufgestaute Energie loswerden wollen, ist das ideal. Yoga ist damit ein wunderbarer Freund für ein Leben mit

weniger Blockaden – und dabei meine ich sowohl körperliche als auch psychische. Gleichzeitig wird das Herz-Kreislauf-System gefordert und gefördert, und zwar in jedem Alter. Das ist die nächste gute Nachricht: Egal, wie alt Sie sind, für Yoga ist es nie zu spät.
Die einzelnen Übungen im Yoga werden Asanas genannt. Sie werden in einer Abfolge miteinander kombiniert, wie wir das vom Sonnengruß kennen. Es empfiehlt sich, jede Yogasession mit einer bewussten Entspannung zu beenden, die Shavasana genannt wird.
Meine leicht auszuführenden Yogaanleitungen finden Sie als Downloadangebot auf meiner Website (siehe Seite 190).

Lebendige, kraftvolle Rituale gestalten

Unser ganzes Leben ist eine ständige Transformation, weil sich unsere Außenwelt verändert und wir uns gleichzeitig ebenfalls verändern. Gerade in den Zeiten der Pandemie hat sich gezeigt, wie wichtig es ist, Transformation zuzulassen und uns nicht nach Kräften dagegen aufzulehnen, sondern sie lieber mit heilenden Ritualen zu begleiten. Diese sind mehr denn je ein wichtiges Heilmittel gegen die Entfremdung und die Enthumanisierung geworden, die wir so stark wie nie zuvor erleben.
Durch den traditionell düsteren Umgang unserer Religionen mit Ritualen – die uns Angst einflößen, anstatt uns zu heilen – haben viele Menschen ein gestörtes Verhältnis zu Ritualen entwickelt. Wer kann es ihnen verdenken? Deshalb haben sich in der Zeit meiner Jugend auch so viele Menschen auf den Weg nach Indien gemacht, um in Goa und anderswo die Kraft von Ritualen zu erleben.

Stammeskulturen wie die Ureinwohner Nord- und Südamerikas, Afrikas und Australiens haben sich ihren leidenschaftlichen Sinn für Rituale bewahrt, und das ist, was wir uns auch gönnen sollten: Leidenschaft, Energie und Fröhlichkeit. Nirgendwo steht geschrieben, dass wir dabei nicht lachen dürfen! Ganz im Gegenteil: Gehen Sie mit guter Laune ans Werk, denn ein lebendiges Ritual steckt voller Vitalität. Nur so kann es uns im Innersten berühren und den klaren Zusammenhang zu unserem täglichen Leben aufzeigen. Ein lebloses Ritual dagegen macht keinen Sinn. Es spult nur Phrasen und Gesten ab, bei denen wir spüren, dass nichts außer Routine dahintersteckt. Wir gehen anders vor: Wir sprühen vor Begeisterung!

Und das tun wir schon in der Vorbereitung zum Ritual, die fast genauso wichtig ist wie das Ritual selbst. Dabei erfüllen wir gleich einen doppelten Zweck: Wir stellen uns auf das Ritual ein – und wir bereiten ihm den richtigen Raum.

Als ich noch in Kalifornien lebte, bekam ich mit, wie manche Nachfahren der amerikanischen Ureinwohner diese Tradition pflegten und neu aufleben ließen: Ihre Vorfahren hatten Tage und manchmal Wochen damit verbracht, ein Ritual wie zum Beispiel den Sonnentanz vorzubereiten. Dazu gehörten Aufbauarbeiten, Kochen und Reinigen. Manche Menschen, die mit Ritualen nicht vertraut sind, denken dann, das seien doch ganz gewöhnliche Handlungen. Das sind sie in diesem Fall aber nicht: Denn gewöhnliche Handlungen und gewöhnliche Gebrauchsgegenstände werden in diesen Vorbereitungen mit Energie aufgeladen, bekommen dadurch ein Geheimnis und verstärken den langsamen Wandel unseres Bewusstseinszustands. Voraussetzung dafür ist wieder, dass wir mit ganzem Herzen dabei sind, wenn wir die Vorbereitungen treffen. Allein die Sorgfalt, die Sie an den Tag legen, um einen Raum oder einen Platz für Ihr Ritual vorzubereiten, heiligt den Raum. Denn Sorgfalt ist ein Teil der Magie. Durch sie erreichen wir eine neue Ebene unseres Bewusstseins.

Deshalb errichte ich gerne einen Altar – das ist ein Platz in der Wohnung, der bewusst gestaltet ist und eindeutig signalisiert, dass hier Besonderes geschieht. Ich dekoriere ihn mit einem farbenprächtigen Tuch, mit einer besonders schönen Kerze und mit Blumen. Dazu lege ich Gegenstände, die mir wichtig sind, und – je nachdem, was ich vorhabe – Erinnerungsstücke oder Objekte, die für das jeweilige Ritual eine Bedeutung haben.

Ein kleiner Hausaltar für Rituale.

Meditrinalia: Ekstase und Befreiung erfahren

Um Ekstase, also Entrückung zu erfahren – ein Zustand, in dem wir aus unserem Körper heraustreten zu können –, haben Menschen schon immer mit bewusstseinserweiternden Substanzen gearbeitet. Doch das ist ein schamanischer Weg, der sehr viel Achtsamkeit und Wissen benötigt, und diese Achtsamkeit und dieses Wissen sind häufig nicht vorhanden.

Die Opfergabe wirkt befreiend und heilend.

Glauben Sie mir: Sie können auch nach dem Genuss von reinem Mineralwasser Ekstase erfahren – Alkohol und Drogen sorgen im Gegenteil für eine Betäubung der Sinne. Ekstase kann jedoch nur entstehen, wenn alle unsere Antennen auf Empfang geschaltet sind.

Im Laufe vieler Jahrhunderte ging das Bewusstsein verloren, dass zum Beispiel Alkohol im Ritual zwar verwendet wird, aber vor allem als Opfergabe, das sogenannte Trankopfer. Das wollen wir bedenken, wenn wir nun im Oktober das Fest Meditrinalia begehen, das altrömische Weinfest für Gesundheit und Glück.

»Libatio« nannten die Römer*innen ihr Trankopfer – und darin steckt das Wort Befreiung. Im Wort Meditrinalia wiederum finden wir den Begriff »mederi«, was heilen bedeutet. Beim Fest Meditrinalia finden wir also Heilung, indem wir uns mit einem Trankopfer von etwas Überkommenem befreien. Das ist etwas ganz anderes, als irgendwelche Pillen einzuwerfen, um high zu werden. Im alten Rom fand dieses Fest traditionell am 11. Oktober statt. Bei uns haben sich die Nachkommen dieses Weinfestes meist in den September vorgeschoben, während die *Fêtes des vendanges* unserer französischen Nachbarn oft noch im Oktober stattfinden.

Das Weinritual

Dieses Ritual können Sie gerne mit Freundinnen und Freunden vollziehen. Suchen Sie sich einen schönen Platz draußen in der Natur, in einem Garten, einem Park oder auch zu Hause. Errichten Sie gemeinsam einen kleinen Altar mit Früchten, Zweigen, Edelsteinen, Schmuckstücken, Bildern und Fotos. Entzünden Sie eine Kerze und drapieren Sie darum etwas Moos.
Öffnen Sie eine gute Flasche Wein – natürlich kann es auch Saft oder Mineralwasser sein – und gießen Sie Ihren Gästen reihum ein. Für den Altar haben Sie ein Extraglas, das Sie nun ebenfalls füllen. Erst dann tränken Sie das Moos mit dem Wein. Dann stoßen alle Anwesenden an und wünschen sich gegenseitig Glück und Gesundheit. Werden Sie dabei konkret: Sagen Sie jedem Ihrer Gäste, was genau Sie ihm oder ihr Schönes wünschen.

**» Der Wein ist Zeit,
denn sie macht den Wein. «**

JEAN-MARC MAUGEY

Hekate: Göttin des Übergangs.

NO VEM BER

Einkehr und innere Suche

Der Monat November eignet sich hervorragend dazu, Ziele zu ordnen und Visionen zu finden. Er ist der Beginn des neuen Hexenjahrs, da dieses wie das keltische Jahr am 1. November beginnt. In dieser Nacht vom 31. Oktober auf den 1. November wird das Mondfest Samhain gefeiert, aus dem das sehr kommerzialisierte Halloween entstanden ist, das ich natürlich während meiner Zeit in den USA mit großer Begeisterung mit meinen Kindern gefeiert habe und das schon lange auch bei uns in Deutschland zelebriert wird.
Der Fest des Grauens hat übrigens seinen Ursprung in Irland. Die Kelten glaubten, dass an diesem Tag Kontakte ins Reich der Toten möglich sind. Zur Abschreckung böser Geister verkleideten sich die Menschen mit furchterregenden Kostümen und schlichen selbst bei Nacht durch die Straßen. Große Feuer sollten böse Geister fernhalten, und vor den Häusern standen kleine Gaben (»treats«). Deshalb auch der Brauch, dass Kinder an den Haustüren klingeln und »trick or treats« fordern. Mit den Gaben sollten in grauer Vorzeit die Geis-

ter besänftigt werden, und vielleicht, mit der richtigen Vision, funktioniert das ja in unserer Zeit auch noch.

Positive Ziele finden

Wir alle haben Visionen, das ist meine feste Überzeugung, nur vernehmen wir sie im Alltagslärm häufig nicht. Visionssuchende ziehen sich deshalb in die Stille der Natur zurück, um dort ihre Vision zu finden, aber vor allem, um sie wahrzunehmen. So eine Vision muss nicht groß sein – es ist dasselbe Thema wie bei unserem Krafttier: Viele Menschen glauben, wenn sie das Wort Vision vernehmen, dass es darum gehen muss, die Welt zu retten oder eine Formel zu finden, die mindestens so genial ist wie Einsteins Relativitätstheorie.
Dazu passt eine Anekdote aus dem Werk von Laotse, dem chinesischen Philosophen und Begründer des Taoismus, der im 6. Jahrhundert vor Christus lebte. Sie erzählt, wie ein weiser Mann eines Morgens beunruhigt aufwachte. Sein Freund fragte, was denn mit ihm los sei. Der Weise antwortete: »In meinem Traum war ich gerade ein Schmetterling. Nun weiß ich nicht, bin ich aus diesem Traum erwacht, oder bin ich ein Schmetterling, der träumt, er sei ich?«
So geht es jedem von uns: Wir wissen nicht genau, wer wir sind, und wir wissen nicht genau, wo wir in unserem Leben stehen. Für viele Menschen wird dann der November zu einem emotional schwierigen Monat, und auch ich als Lichtmensch muss in dieser Zeit besonders auf mich achtgeben.
Daher ist es jetzt noch einmal wichtig, mithilfe der weißen Magie für die positive Grundeinstellung zu sorgen: »Wie steigere ich mein

Wohlbefinden? Wie stärke ich Partnerschaft und Freundschaften? Wie bleibe ich in der Lebensfreude?« Weil mir Kerzen und ihr Licht besonders ans Herz gewachsen sind, nutze ich wieder ihre Kraft und Wärme für einfache, aber sehr wirkungsvolle Rituale.

Das Partnerschafts- und Freundschaftsritual

Es ist nicht immer leicht, eine*n Partner*in, die/der ganz im weltlichen Sein zu Hause ist, zu überzeugen, ein Ritual mitzumachen. Deshalb meine Bitte: Drängen Sie ihn oder sie nicht, falls Ihr*e Partner*in nicht gleich darauf anspringt. Lassen Sie ihm/ihr die Zeit, die er/sie braucht, damit das Ritual in gemeinsamer Harmonie durchgeführt werden kann.
Dieses Ritual können Sie auch gerne mit engen Freund*innen erleben oder mit einem Menschen aus dem Familienkreis, dem Sie sich besonders verbunden fühlen. Der Einfachheit halber wähle ich bei der Beschreibung des Rituals den Begriff »Partner*in«.
Lassen Sie Ihre*n Partner*in die Farbe einer Kerze wählen, die er/sie Ihnen widmen will. Anschließend wählen Sie für Ihre*n Partner*in ebenfalls eine aus. Setzen Sie sich einander gegenüber und stellen Sie die Kerzen auf ein schönes Tuch, das Sie ausgebreitet haben, als Sie den Raum für das Ritual vorbereiteten.
Nun entzündet jede*r die Kerze der/des anderen. Reichen Sie sich über den Kerzen die Hände – natürlich mit ausreichendem Abstand, um die Wärme zu spüren, ohne dabei Schaden zu nehmen. Nun eröffnet Ihnen Ihr*e Partner*in, was er/sie Ihnen fürs kommende Jahr wünscht – hier ist das kommende Hexenjahr gemeint – und was er/

sie dazu beitragen möchte, dass dieser Wunsch in Erfüllung geht. Anschließend sind Sie an der Reihe: Teilen Sie Ihrem Gegenüber mit, was Sie ihm wünschen und wie Sie diese Wünsche unterstützen möchten. Im Anschluss sprechen Sie beide gemeinsam die Worte:

» Wir unterstützen uns gegenseitig in der Erfüllung unserer Wünsche und sind füreinander da. «

Dieser Satz ist das Siegel für das Ritual – ein positiver Pakt, dessen Energie in Zeiten wirkt, wo unsere Wünsche in den Hintergrund rücken oder die Unterstützung einen Schub braucht. Dieses Ritual gilt für alle tiefen Freundschaften, die wir ehren und nähren wollen.

Zurück in die Kindheit

Positiv auf unsere Grundstimmung kann ein Ritual wirken, das aus der Körperarbeit stammt. Dazu gehen wir in unserer Erinnerung zurück in die Kindheit. Können Sie sich einen Menschen in Erinnerung rufen, der damals als Vorbild fungierte? Das kann jemand aus Ihrer Familie sein oder aus dem gesellschaftlichen Leben, aus der Welt des Films oder der Musik. Eine Gestalt aus einem Märchen ist ebenfalls ganz wunderbar. Mir kommt sofort Mogli in den Sinn aus dem »Dschungelbuch« von Rudyard Kipling. Dieses Findelkind, das mit

den Tieren im Dschungel aufwächst, ihre Sprache sprechen kann, die Gesetze der Natur kennenlernt, Verantwortung übernimmt und daran reift: Mogli war ein wunderbares und starkes Vorbild für mich.
Nehmen Sie den ersten Helden oder die erste Heldin, der/die Ihnen in den Sinn kommt – so wollen wir diesen Menschen oder diese Gestalt jetzt auch nennen: den Held, die Heldin Ihrer Kindheit.

Körperarbeitsritual: Der Held oder die Heldin meiner Kindheit

Wenn Sie eine Person gewählt haben, wollen wir uns als Erstes überlegen, wie sie sich bewegt. Bei Mogli zum Beispiel sind es zunächst die geschmeidigen Bewegungen eines Kindes, das im Dschungel zu Hause ist. Geschickt bewegt er sich durchs Dickicht und hangelt sich von Liane zu Liane. Sein Gleichgewichtssinn ist ausgeprägt, und wenn er doch mal fällt, landet er wie eine Katze auf den Füßen.
Diese Bewegungen, die unseren Helden oder unsere Heldin ausmachen, versuchen wir nun nachzuahmen. Das habe ich übrigens sehr oft auch während meiner Schaupielausbildung geübt. Spüren Sie dabei genau in Ihre untere Wirbelsäule, weil von dort die Kraft der Bewegung ausströmt. Was macht die Person mit ihren Armen? Wie ist die Position der Schultern? Wie geht sie über den Boden? Welchen Gesichtsausdruck hat sie? Bitte imitieren Sie sie. Versuchen Sie hinzuspüren, wie sie sich bei diesen Bewegungen fühlt. Fühlen Sie sich ganz praktisch in Ihre Heldin oder Ihren Helden hinein!
Fragen Sie sich, welche ein oder zwei Eigenschaften Ihnen am Idol Ihrer Kindheit am meisten gefallen haben. Bei Mogli war es die

Fähigkeit, mit Tieren zu sprechen. Das habe ich geliebt. Wecken Sie dieses Gefühl wieder in sich, ganz so, als wären Sie das Kind von damals. Denn in diesem Ritual entdecken wir: Körper und Geist sind eins – wie der Körper, so auch der Geist. Das Gleiche gilt umgekehrt: Wenn Ihre Körperhaltung kraftvoll ist, wird das Ihre Gefühle positiv beeinflussen, und wenn Ihre Gefühle positiv sind, strafft sich Ihre Körperhaltung. Dabei helfen die Held*innen unserer Kindheit. Wenn Sie dieses Gefühl verspürt haben, kehren Sie in Ihre »normale« Haltung zurück. Das Wort »normal« habe ich in Anführungszeichen gesetzt, weil es vielleicht gar nicht Ihre normale Haltung ist, sondern eine Haltung, die aus den langen Jahren des Alltags entstanden ist. Können Sie sich vorstellen, dass die kraftvolle Haltung der Heldin/des Helden Ihrer Kindheit Ihre »normale« Haltung ist? Wir wollen nicht um den heißen Brei herumreden – es erfordert einige Übung, diese kraftvolle Haltung wieder zu Ihrer Alltagshaltung werden zu lassen. Doch es lohnt sich! Daher empfiehlt es sich, aus diesem Körperarbeitsritual ein Alltagsritual zu machen. Führen Sie es regelmäßig durch, dann werden Sie die ungemein positiven Impulse bald verspüren. Dann können Sie überall damit spielen. Glauben Sie mir, es macht wahnsinnig viel Freude, in der dynamischen Körperhaltung von Mogli im Supermarkt einkaufen zu gehen!

Gehen Sie mal wie Mogli durch den Supermarkt.

Das Staunen wiederentdecken

Erscheinen uns die Novembertage trist und grau, ist die beste Gelegenheit gekommen, uns mit der Magie des Staunens zu erfüllen. Als Kind liefen wir staunend durch die Welt und erfreuten uns an ihren Wundern. Als Erwachsene haben wir diese Fähigkeit oft etwas verloren. Die Welt wurde im wahrsten Sinne des Wortes entzaubert. Zaubern wir sie uns also neu!

Als ich heute Morgen mit dem Hund unterwegs war, glitzerten zwischen Farn und Gräsern Aberhunderte Spinnennetze in der aufgehenden Sonne! Was für ein Wunder der Natur! Wie groß war mein Staunen! Wie schön hat sich das angefühlt! Und von diesen Wundern schenkt uns die Natur so viele: der Ameisenhügel am Wegesrand, ein hochintelligenter Millionenstaat, dessen Bewohner durch Duftstoffe miteinander kommunizieren; oder der Regenbogen, der sich über den Himmel spannt und uns kurz erlaubt, alle Farben, »die in der Luft schweben«, bewusst als Wunder wahrzunehmen. Dabei sind sie doch immer da – genauso wie die Sonne immer für uns scheint, auch wenn graue Wolken ihr Licht vor uns vorübergehend verstecken. Es gibt eine Menge, über das wir jeden Tag aufs Neue staunen können – wenn wir uns das Staunen wieder zu eigen machen.

Das »Ich staune!«-Ritual

»Oh, ist das schön!« Dieses Sätzchen aus unserem Inneren heraus drückt Staunen aus. In diesem Ritual gehen wir einen Tag lang staunend durch die Welt: vom Zeitpunkt, an dem wir aufwachen – können wir über dieses Wunder nicht auch staunen? –, bis zu dem Moment, in dem wir abends in den Schlaf sinken. Versuchen Sie an diesem Tag, die Welt zu betrachten, als wäre es das erste Mal. Ich verspreche Ihnen, Sie werden aus dem Staunen gar nicht mehr herauskommen!

Unser Staunen ist das Wertschätzen jedes einzelnen gelebten Augenblicks. Das ist mir wichtiger denn je, weil wir durch die Pandemie erfahren haben, wie wichtig es ist, ganz und gar in der Gegenwart zu sein. Staunen transportiert uns in diese Gegenwart. Denn wir können weder in der Zukunft noch in der Vergangenheit staunen. Der Gedanke »Schon toll, was die damals für große Pyramiden gebaut haben« ist kein Staunen. Davorzustehen, den Kopf in den Nacken zu legen und die Dominanz des Kraftortes zu spüren dagegen schon. Wir staunen immer in der Gegenwart. Und dieser Effekt lässt sich sogar noch verstärken, indem Sie das Staunen mit Atmen und Tönen verbinden:

Nehmen Sie einen Gegenstand Ihrer Wahl – vielleicht eine Vase mit Blumen. Sie sehen diese Blumen zum ersten Mal! Sind sie nicht unglaublich schön? Ihre Farben, ihre Formen, der Duft, das alles lässt Sie staunen! Was für ein Wunder der Natur! Nehmen Sie während

dieses Staunens einen tiefen Atemzug und spüren Sie, wie der staunende Atemzug Ihr ganzes Gemüt aufhellt. Lenken Sie dieses Gefühl in Ihr Gesicht und spüren Sie, wie sich dort alle Muskeln entspannen. Ihre Augen funkeln, wie sie es in der Kindheit taten. Dann lassen Sie Ihren Atem ausströmen und tönen dabei den Vokal »A«: Einfach ein A beim Ausatmen sprechen oder singen – so lange, bis die Luft aus Ihnen gewichen ist. Dann nehmen Sie den nächsten staunenden Atemzug und wiederholen das Ganze. Machen Sie drei Durchgänge.
Dieses Ritual des Staunens ist eine wunderbare Stärkung im Alltag. Und wir wollen im November noch eine weitere solche Stärkung finden. Dabei handelt es sich um einen besonders starken Zauber, nämlich den Zauber der Selbstbestätigung.

Das »Ich liebe mich«-Ritual

Es ist wichtig, dass wir uns selbst gut finden. Da haben manche von uns aus unterschiedlichen Gründen Schwierigkeiten. Das lässt sich einfacher ändern als gedacht, denn dafür ist Magie geschaffen. Sie kann Schweres ganz leicht machen, wenn wir sie richtig anwenden. Für dieses Ritual sind Sie am besten allein. Sie brauchen dazu einen Spiegel.
Jeder von uns hat etwas, das er nicht besonders an sich schätzt. Das kann etwas an der Figur sein, am Verhalten, an Reaktionen auf Menschen oder Situationen. Dies kann sich zu einem Lebensthema ausweiten, das alle anderen wichtigen Themen überdeckt. Mit weißer Magie können wir es jedoch auflösen.
Der Spiegel zeigt zum Beispiel einen geliebten Menschen, der sich für etwas übergewichtig hält. Dieser Mensch stellt sich nun bewusst

vor den Spiegel, sieht sich tief in die Augen und sagt mit der liebevollsten Stimme: »Ich bin übergewichtig. Und ich liebe mich!« Das ist sein magischer Satz, der seine Wirkung durch Wiederholung bekommt – und durch die Art der Empathie, mit der er ausgesprochen wird: nämlich sehr, sehr liebevoll!

Wählen Sie nun eine Eigenschaft, die Sie auf diese Weise auflösen wollen. Treten Sie vor den Spiegel, blicken Sie Ihrem Spiegel-Ich tief in die Augen und sprechen Sie den Satz aus: »Ich bin … (nennen Sie die Eigenschaft). Und ich liebe mich!«

Dieses Ritual können Sie jederzeit durchführen – vor allem auch in schwachen Momenten, die einer magischen Aufhellung bedürfen!

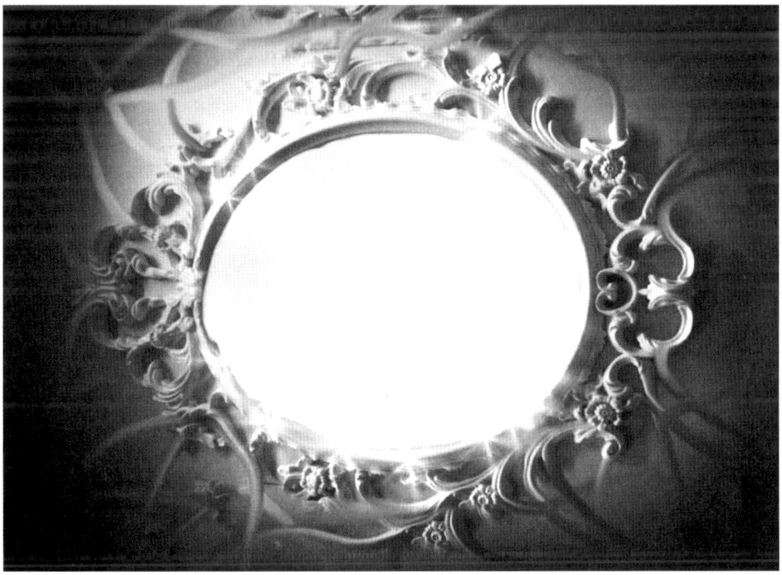

Der Spiegel zeigt einen geliebten Menschen.

Schwarz und Weiß

Wenn wir weiße Magie betreiben – was ist dann schwarze Magie? Über diese wollen wir hier kurz sprechen, weil der 13. November im Hexenjahr als Tag der schwarzen Magie gilt. In der schwarzen Magie geht es um Schadenzauber, der aber oft auf den zurückfällt, der ihn ausübt, weil in der Magie der Grundsatz »Gleiches erzeugt Gleiches« gilt. Das hat der Volksglauben mit dem Sprichwort aufgegriffen: »Wie man in den Wald hineinruft, so schallt es heraus.« Wer anderen nichts Gutes wünscht, bekommt oft Ungutes als Quittung serviert. Es hat immer Konsequenzen, wenn wir uns mit Magie einlassen, und wir wollen uns lieber auf die guten Konsequenzen konzentrieren. Schadenzauber, der im Mittelalter »maleficium« genannt wurde, also das »üble Werk«, hat durch seine schlechte Energie schon viel Schaden angerichtet.

Im gesamten Mittelalter ergriff er Besitz von Menschen, die dann im Namen von Kirche und Staat Jagd auf unschuldige Menschen machten, darunter viele Frauen: Das war die Zeit der Hexenverfolgung, die nichts anderes war als die Verfolgung Unschuldiger durch Leute, die selbst dem Wahn erlegen waren. So furchtbar kann schwarze Magie wirken – die als positiven Ausgleich umso mehr weiße Magie von uns benötigt.

Am 16. November ergibt sich eine gute Gelegenheit dazu: An diesem Tag wird die Mondgöttin Hekate gefeiert. Sie ist die Patronin der Hebammen und die Göttin der Geburtshilfe. Unter ihrem Schutz stehen außerdem Menschen, die am Rande unserer Gesellschaft leben. Deshalb ist an diesem Tag die weiße Magie besonders fruchtbar, wenn wir daran denken, was wir alles besitzen, und davon in Dankbarkeit etwas zurückgeben.

Ritual: In Dankbarkeit geben

Überlegen Sie sich, auf welche Art und Weise Sie etwas zurückgeben können, und dann tun Sie es. Kann es eine Spende sein? Können Sie sich irgendwo engagieren? Manchmal ist einfach Zeit das wertvolle Gut, das wir Bedürftigen geben können. Egal, was es ist: Am Tag der Hekate fällt Ihre Gabe auf besonders fruchtbaren Boden.

Thanksgiving

Dass mir Kalifornien in der Zeit, als ich dort lebte, zu einer Heimat wurde, lag auch an Thanksgiving. Es ist ein wunderbares Fest, dessen Name übersetzt »Danksagung« bedeutet: Wir danken für die Gaben der Natur, aber auch für die Familie, in die wir hineingeboren sind, die wir selbst geschaffen haben und mit der wir zusammenleben. Hierzulande ist vor allem bekannt, dass Amerikaner an diesem Tag reichlich essen: gebratenen gefüllten Truthahn, Süßkartoffeln, Apfel- und Kürbiskuchen, Kürbis, grüne Erbsen und Mais. Sie können sich ausmalen, dass Truthahn nicht ganz oben auf der Liste meiner Lieblingsgerichte steht. Mir ging es bei Thanksgiving vor allem um das traute Zusammensein im Kreis der Lieben und um die Aufrichtigkeit, was das »Dankesagen« angeht. Ich fände es schön, wenn wir den Thanksgiving-Gedanken jeden Tag in unseren Herzen trügen, nicht nur am vierten Donnerstag im November.

Mit diesen positiven Gedanken verabschieden wir uns vom elften Monat unseres Kalenders, der gleichzeitig der erste Monat des Hexenkalenders ist – während wir das Jahr nun bald beschließen werden.

Frau Holle: Symbol weiblicher Magie.

DE
ZEM
BER

Vom Suchen und Finden

In unserem Kulturkreis ist es gemäß dem gregorianischen Kalender der zwölfte Monat. Bei den Hexen ist es der zweite Monat. Und seinen Namen verdankt er der lateinischen Zahl »decem«, also zehn, weil er im römischen Kalender der zehnte Monat war. Mir gefällt diese Unordnung, weil sie zeigt, dass alle Zahlen und Abfolgen Menschenwerk sind, das vergänglich ist. Was jedoch bleibt, sind die kosmischen Abläufe, deren Magie wir spüren können – wie die Wintersonnenwende, die bei den Germanen als das Julfest gefeiert wurde. Daher lautete deren Name für den Dezember Julmond.

Wenn wir am Ende des Monats unsere gemeinsame Wanderung durch das Jahr beenden werden, steht uns die nächste Wanderung bereits bevor – oder die nächste Queste, was unsere Aufgabe noch viel besser ausdrückt. Dieses altertümlich klingende Wort stammt tatsächlich aus dem Mittelalter, wo es sehr häufig verwendet wurde – und zwar immer im Zusammenhang mit höheren Aufgaben, die ein Einzelner nur schwer oder gar nicht bewältigen konnte. Für

eine Queste benötigte man also Hilfe. Sie können sich das so vorstellen: Hatte ein Ritter eine Aufgabe zu bewältigen – seine Queste –, so machte er sich zum Hof des Königs auf, um dort vorzusprechen. Er erzählte von seiner Angelegenheit und bat um Hilfe. Dort hielt man Rat und traf dann die Entscheidung, ob ihm geholfen wurde oder nicht. Wenn ja, überreichte die Königin einen Kelch mit Wein mit den Worten: »Dies ist ein Kelch zur Ermutigung, ein Kelch der Freundschaft, von unserem Herzen zu Eurem Herzen. Mit diesem Kelch verbinden wir uns mit Euch.« Durch das gemeinsame Trinken war der Bund besiegelt. Doch nicht immer lautete die Antwort »Ja«. Als Kolumbus für seine Queste, Indien über den Seeweg zu erreichen, am Portugiesischen Hof vorsprach, wurde er abgewiesen. Dafür fand er am Spanischen Hof Gehör und Unterstützung.
Auch wir haben die Aufgabe, die richtigen Verbündeten zu finden. Nicht immer ist es einfach, um Hilfe zu bitten, und manchmal muss man seine Kreise erweitern, um aus einem »Nein« noch ein »Ja« zu machen. Bei alldem hilft das Ritual der Queste.

Ritual der Queste

Bei welcher Aufgabe, die vor Ihnen liegt, können Sie Unterstützung gebrauchen? Wählen Sie eine aus. Schreiben Sie diese in einem einfachen Satz auf Papier. Um ein Beispiel zu nennen: Wenn es darum geht, dass Ihnen der Haushalt über den Kopf wächst, weil gerade alles zu viel ist, dann schreiben Sie: »Ich benötige Hilfe bei der Buchhaltung.« Formulieren Sie es so knapp wie möglich und so eindeutig wie möglich. Dann nehmen Sie ein zweites Blatt Papier und schreiben darauf die Menschen, die Sie um Hilfe bitten können. Wichtig ist, dass Sie alle notieren, die Ihnen in den Sinn kommen, ohne sich dabei Gedanken zu machen. Dazu kommen wir später.

Wen können Sie um Hilfe bitten?

Wenn Sie diese Liste haben, legen Sie beide Papiere nebeneinander. Zünden Sie jetzt eine Kerze an, atmen Sie tief durch und nehmen Sie dann den ersten Namen auf der Liste. Um wieder ein Beispiel zu nennen: Vielleicht steht da der Name Jennifer. In diesem Fall sprechen Sie laut aus: »Liebe Jennifer, ich benötige Hilfe bei der Buchhaltung.« Dann fühlen Sie in sich, was Ihnen Jennifer antwortet. Viele Menschen spüren die Antwort in der Bauchgegend. Es kann sich freudig anfühlen, dann wird die Antwort lauten: »Ich werde dir gerne helfen.« Oder Sie empfinden, wie sich dort etwas verhärtet – dann wird die Gefragte eher ablehnend sein. Auf dieses Körpergefühl können wir uns verlassen. Gehen Sie auf diese Weise die ganze Liste durch. Wenn Sie das Ritual beendet haben, wissen Sie, wen Sie für Ihre Queste um Hilfe bitten können. Nun wird es Ihnen viel leichter fallen, die entsprechende Person real anzusprechen.

Traditionelle Sonnenrituale

Sie können sich vorstellen, dass ein Lichtmensch wie ich sich auf das Julfest freut. Ab der Wintersonnenwende werden die Tage wieder länger. In den alten Zeiten ohne elektrisches Licht wurde dieses Fest

in vielen Kulturen feierlich begangen. Man verbrannte Holz, um mit dem Feuer der Sonne Kraft zu geben. Die Asche wurde sorgfältig aufbewahrt, weil in ihr die Energie der Sonnenwende steckte.
Bis in die heutige Zeit hat sich das Solstice-Ritual der Aborigines gehalten und auf einzigartige Weise mit der westlichen Kultur verknüpft: Dort spielt man am Tag der Wintersonnenwende zum Sonnenuntergang eine Stunde lang auf dem traditionellen Instrument Yidaki, das bei uns als Didgeridoo bekannt ist. Didgeridoospieler auf der ganzen Welt greifen das auf und spielen eine Stunde lang während ihres örtlichen Sonnenuntergangs. So bewegt sich dieser kraftspendende Sound einen ganzen Tag lang rund um die Erde. Ein wundervolles Ritual, denn Kraft brauchen wir in dieser Zeit.

Neue Kräfte sammeln

Vieles haben wir in diesem Jahr erreicht, Neues wollen wir im nächsten Jahr angehen. Bei allem, was wir tun, haben wir es mit den fünf Grundängsten zu tun, von denen die Buddhisten sprechen: Angst vor dem Tod, Angst vor dem Verlust des Lebensunterhalts, Angst vor anderen Bewusstseinszuständen, Angst vor dem Verlust des guten Rufs und Angst, vor einer Versammlung zu sprechen. Oft wird dazu geraten, sich der Angst zu stellen, sie zu konfrontieren.
Ich habe darüber ein eigenes Buch geschrieben, es heißt *Diese verdammten Ängste – und wie wir an ihnen wachsen.* Denn darum geht es, wie auch bei Ritualen, Hexenzauber und weißer Magie: Ziel ist es, am Ende stärker zu sein als zuvor, und das mit Lebensfreude und einer gewissen Portion Leichtigkeit. Ich erinnere mich, wie ich da-

mals im Prozess des Schreibens auf einmal diese einfach klingenden Sätze formulierte:

Ich mag mich selbst, wie ich bin.

Ich mache alles, so gut ich kann.

Ich bin glücklich und möchte es auch sein.

Ich tue mir so viel Gutes, wie ich kann.

Ich leiste viel, aber immer, wenn ich mich angestrengt habe, gönne ich mir auch Entspannung.

Wer mich auf dem Weg seit dieser Zeit begleitet hat, weiß, dass ich die Worte nicht nur aufs Papier schrieb, sondern auch in die Tat umsetzte. Sehr viel Kraft hat der Satz: »Ich mache alles, so gut ich kann.« Darin liegt so viel positives Potenzial: Ja, ich erledige meine Aufgaben. Doch ich überfordere mich nicht dabei. Ich verbiege mich nicht dabei. Ich mache es eben, so gut ich kann. Wenn jemand anderes damit nicht zufrieden ist, ist es sein Problem, nicht meines. Mein Problem wäre nur, wenn ich es gar nicht versuchen würde.

Zwischen den Jahren

Das gilt auch für den Jahresabschluss, der uns nun im Dezember bevorsteht. Es ist eine Zeit, die selbst der moderne Mensch, der weit weg ist von den alten Brauchtümern seiner Vorfahren, als »besonders« und »anders« empfindet. Nun ja, das ist kein Wunder: Zwischen Heiligabend am 24. Dezember und dem 6. Januar, dem Tag der Heiligen Drei Könige, also in der »Zeit zwischen den Jahren«, liegen die zwölf Raunächte. Deren starke Magie berührt selbst die Menschen, die ansonsten von sich behaupten, dass so ein Hokuspo-

kus nichts mit ihrem Leben zu tun hat. In dieser energiegeladenen Zeit durchlaufen wir einen ganzen Zyklus.
Manche Menschen zählen die Raunächte von Weihnachten bis Dreikönig, andere beginnen bereits am Thomastag, dem 21. Dezember, weil an diesem Tag die Wintersonnenwende den kürzesten Tag des Jahres einläutet. Was ich Ihnen rate: Es kommt nicht auf die Rechnerei an, sondern darauf, sich auf diese ganz besondere Zeit einzulassen. Und dafür lohnt sich eine kleine Gedankenreise.
Nicht erst seit wir über die Erderwärmung sprechen, hat sich das Klima auch hierzulande geändert. Viele von uns erinnern sich noch, dass die Winter in ihrer Kindheit länger und schneereicher waren. Im 18. und 19. Jahrhundert dauerten die Winter in den deutschen Mittelgebirgen – wie dem Erzgebirge, dem Bayerischen Wald, der Rhön, dem Schwarzwald, der Schwäbischen Alb oder dem Westerwald – oft von Oktober bis April, mit reichlich Schnee und Eis. Es war der Übergang einer Klimaperiode, die die Forscher heute »Kleine Eiszeit« nennen. Damals drangen in den Alpen die Gletscher bis in die Täler vor und bedrohten Städte und Dörfer. Und dann passierte noch etwas: 1815 brach in Indonesien der Vulkan Tambora aus. Die gewaltige Aschewolke verdunkelte weltweit die Sonne und sorgte bei uns für das »Jahr ohne Sommer« – und damit auch ohne eine Ernte. Eine schlimme Hungerszeit begann, die von unseren Vorfahren »Achtzehnhundert-und-erfroren« genannt wurde. In der Sankt-Michael-Kirche in Schwäbisch Hall finden Sie hinter dem Altar in einem Glaskasten ein sogenanntes »Hungerbrot« aus dem Jahr 1816. Es ist nicht größer als eine Faust und soll daran erinnern, wie die Menschen mit der kalten Zeit und ihren Folgen zu kämpfen hatten.

Unsere Wohnungen heute sind – hoffentlich – alle gut beheizt, wir haben warmes Wasser, der Kühlschrank ist voll. Was also sollen uns die Raunächte lehren, deren Mythen und Brauchtum aus vergangenen eisigen Zeit stammen? Das ist leicht zu verstehen: Weil auch wir oft in eisigen Zeiten leben, nur auf eine andere Art und Weise. Es sind unsere inneren Konflikte mit der Familie, unter Freunden, mit Bekannten und Nachbarn und manchmal auch mit völlig Fremden, die uns innerlich frieren lassen. Viele fürchten sich dann vor Weihnachten, weil »da alles hochkommt«. Ja, es kommt hoch, was unterdrückt wurde, und speziell zu dieser Zeit, weil es die Magie der Raunächte so will. Deshalb ist sie auch heute noch wichtig.

Unsere Vorfahren fürchteten sich vor der »Wilden Jagd« des Gottes Wotan und seines Gefolges, die auf der Suche nach verlorenen Seelen über die Erde fegten. Bei uns ist es eher die Einsamkeit, die wir in dieser Zeit besonders schmerzhaft spüren, die Verluste, die wir erlitten haben, und die Ängste vor dem Unbekannten. Und ist nicht auch die Pandemie wie die »Wilde Jagd« über die Erde gebraust? Wir sind nicht weit weg von der Magie der scheinbar verschwundenen Tage, die, wenn wir genau hinschauen, überhaupt nicht verschwunden sind. Selbst Frau Holle, die jeder aus den Märchen der Gebrüder Grimm kennt, tritt jetzt an uns heran: Bei unseren Vorfahren war sie die Muttergöttin selbst, die am Ende der Raunächte die Ordnung wiederherstellt und den neuen Jahreszyklus einleitet.

Wenn es noch ein Symbol für die starke Wirkung weiblicher Magie braucht, dann finden wir dieses in Frau Holle. Sie bringt den Menschen ihre Liebe entgegen, und das nicht nur in den Zeiten der rauen Nächte, sondern übers ganze Jahr.

Zur Liebe zurück

Denn ist es nicht seltsam? Während in den Schöpfungsriten der meisten indigenen Völker immerzu von Liebe gesprochen wird, taucht diese in der biblischen Schöpfungsgeschichte des Alten Testaments nicht ein einziges Mal auf. Weder wird die Liebe zwischen Menschen noch zwischen Menschen und Tieren oder Pflanzen erwähnt. Überhaupt scheinen Gefühle tabu zu sein, es sei denn, es geht um Zorn. Der ist in reichlichem Maße vorhanden. Macht, Eifersucht, Beherrschen und Befehlen: Darauf fußt die biblische Schöpfungsgeschichte. Die Frau wird geschaffen, damit sie Adam hilft, bei was auch immer, denn das wird nicht genau gesagt. Doch es reichte den alten Kirchenvätern, um eine klare Hierarchie aufzustellen: Der Mann soll alles beherrschen.

Göttinnen haben die Welt erschaffen.

Weitaus älter als das Alte Testament und die Genesis sind die Überlieferungen über die Göttinnen, aus denen sich im Laufe einer sehr langen Zeit die Figur der Frau Holle formte. Jetzt erinnert sie uns in den Raunächten daran, dass es Schöpfungsgöttinnen waren, die die Welt erschaffen haben – und zwar immer gemeinsam mit ihren Partnern und nie gegen sie. Das ist die wichtigste Botschaft, die wir aus den Raunächten ziehen. Indem wir den alten Standpunkt verlassen, dass etwas »gottgegeben« ist und damit nicht zu verändern; indem wir Barrieren niederreißen und Neues beginnen.

Das Raunächteritual: Was soll bei mir neu und anders werden?

Dieses Ritual ist keine Visionssuche. Sie müssen sich weder in die Einsamkeit zurückziehen noch besondere Vorbereitungen treffen. Stattdessen arbeiten wir mit »Persistence« – was Beharrlichkeit bedeutet, eventuell verbunden mit einer gewissen Sturheit. Genau das fordert dieses Ritual von uns: Es ist überhaupt nicht schwierig, doch wir müssen die ganzen zwölf Raunächte am Ball bleiben.
Wir nutzen immer dieselbe Tages- oder Nachtzeit, um uns der Frage zu widmen: »Was soll bei mir neu und anders werden?« Dafür bereiten wir wieder einen schönen Raum vor, zünden unsere Lieblingskerze an, legen oder setzen uns bequem hin und sorgen dafür, dass wir ungestört bleiben. Ich gebe sehr gern Melissenöl in die Duftlampe, weil sie mir hilft, neue Kraft zu schöpfen, speziell in Zeiten düsterer Stimmung – denn Melisse ist Liebe pur (siehe Seite 36). Deshalb empfehle ich, in der dunklen Zeit viel Melissentee zu trinken.
Zusätzlich habe ich immer getrockneten Weißen Salbei zur Hand, mit dem ich den Raum kurz ausräuchere (siehe Seite 130).
Und nun zum Ritual: Atmen Sie ruhig und ohne übertriebene Tiefenatmung – einfach so, dass Sie entspannt sind. Jetzt bleiben wir dran und fragen: »Was soll bei mir neu und anders werden, welche Gewohnheiten möchte ich loslassen und was wünsche ich mir für das kommende Jahr?« Notieren Sie Ihre Ideen und wiederholen Sie das Ritual nun in jeder der folgenden Raunächte. Es zieht sich bis ins nächste Jahr. Immer wieder stellen Sie sich die gleiche Frage: »Was soll bei mir neu und anders werden?« Nach jeder Session machen

Sie sich Ihre Notizen. Es werden neue Dinge dazukommen oder es werden sich gewisse Lebenssituationen verfestigen.
Am Ende der zwölf Nächte ziehen Sie Bilanz. Sie sind sich jetzt ganz sicher, was zu ändern ist. Vielleicht sind es mehrere Dinge, und selbst wenn es nur eine einzige Änderung ist, die Sie im neuen Jahr vollziehen wollen, ist das völlig ausreichend und sehr gut!
Dann gibt es nur noch eines zu tun: Nehmen Sie Ihre Notizen und legen Sie sie in eine feuerfeste Schale. Unsere Wünsche und Gedanken manifestieren sich am besten, wenn wir sie dem Universum übergeben haben. Deshalb dürfen Sie sie nun entzünden. Was immer Sie notiert haben – es wird Sie ins neue Jahr begleiten und schützen.

Übergeben Sie Ihre Wünsche dem Feuer – und damit dem Universum.

31. Dezember 2021

Langsam rücken die Zeiger der Uhr nach vorn. Noch 30 Minuten bis Mitternacht, noch 20 Minuten, jetzt sind es nur noch fünf Minuten. Auch Silvester 2022 ist wahrscheinlich wieder ein stilleres Silvester, und wie im Jahr zuvor profitieren vor allem die Tiere davon. Ich denke zurück an das Vorhaben, das ich vor zwölf Monaten geplant habe. Ich wollte herausfinden, welche Rituale für uns wichtig sind – und ich habe viele gefunden! Wir alle besitzen magische Kräfte, wenn wir mit ganzem Herzen an die Sache herangehen. Dazu brauchen wir weder eine großartige Ausbildung noch ein besonderes Talent. Wir brauchen nur unseren Entschluss, unser Leben nicht von Kräften abzuschneiden, die über die Jahrhunderte hinweg unseren Vorfahren Mut und Halt gaben – vor allem dann, wenn die Zeiten schwerer wurden. Was auch bei uns gerade der Fall ist.
Ich habe im Lauf dieses Jahres gespürt, wie wichtig mir diese Verbindung mit den verborgenen Kräften geworden ist. Wir wissen nicht, was uns die Zukunft bringen wird – doch wir wissen, dass wir uns mit ein wenig positivem Hexenzauber und weißer Magie für alles wappnen können, was noch kommt.

Danke

»Und es kam der Tag, da das Risiko, in der Knospe zu verharren, schmerzlicher wurde als das Risiko zu blühen.« (Anais Nin)

Voller Liebe bedanke ich mich bei meiner Familie, meinen neuen Familienmitgliedern und meinem Mann. Bei meinen Freund*innen und überhaupt bei allen Menschen, die meinem Seelenlicht immer wieder neue Horizonte eröffnen. Om Shanti und Segen!

Bücher und Adressen, die weiterhelfen

Meine Website:
https://divine-flower.com
Hier finden Sie Dinge und Anregungen, die Sie stärker machen und zum Leuchten bringen.

Bücher von mir im GRÄFE UND UNZER VERLAG:

- Diese verdammten Ängste – und wie wir an ihnen wachsen (mit DVD)
- Yoga für dich und überall. 60 unglaublich nützliche Übungen für jedermann und jeden Tag

Weitere Bücher im GRÄFE UND UNZER VERLAG:

- Jennie Appel, Dirk Grosser: Kraftort Natur. Wurzeln entdecken, Ruhe finden, Wachstum erleben (mit CD)
- Meredith Gaston: Mit Dankbarkeit beginnt das Glück
- Stefan Limmer: Rituale zum Loslassen
- Christiane Schlüter: Kraftquellen für den Alltag
- Anna Trökes, Bettina Knothe: Yoga-Glück (mit 2 CDs)

IMPRESSUM

Postfach 860366, 81630 München

GRÄFE UND UNZER

GRÄFE UND UNZER ist eine eingetragene Marke der GRÄFE UND UNZER VERLAG GmbH, www.gu.de

ISBN 978-3-8338-8097-1
02. Auflage 2022

Lektorat: Barbara Kohl; Text & Typo, Gräfelfing
Bildredaktion: Dr. Nafsika Mylona
Umschlaggestaltung: Marthe Kölln, Berlin / ki36, München
Innenlayout und Illustrationen: ki36, Sabine Skrobek, München
Herstellung: Susanne Fuhrmann
Satz: Longo AG, Bozen
Repro: Longo AG, Bozen
Druck & Bindung: aprinta GmbH, Wemding

Bildnachweis

Umschlagfotos: Mathias Bothor; Björn Kommerell (Banderole).
Fotos Innenteil: Adobestock: 25, 44, 70, 133, 148, 189; Alamy Stock Foto: 126, 162; Mathias Bothor/photoselection: 190; Getty Images: 55, 83, 136; Huber Images: 56; imago images: 176; iStockphoto: 10, 63, 110, 125, 140; Ursula Karven: 2, 187; pixabay: 173; Shutterstock: 32, 69, 84, 97, 159; StockFood: 110.
Syndication: www.seasons.agency

Umwelthinweis

Dieses Buch ist auf PEFC-zertifiziertem Papier aus nachhaltiger Waldwirtschaft gedruckt.

Wichtiger Hinweis

Alle Ratschläge und Anwendungen in diesem Buch wurden von der Autorin sorgfältig recherchiert und in der Praxis erprobt. Dennoch können nur Sie selbst entscheiden, ob und inwieweit Sie diese Vorschläge umsetzen können und möchten. Lassen Sie sich in allen Zweifelsfällen zuvor durch einen Arzt oder Therapeuten beraten. Weder Autorin noch Verlag können für eventuelle Nachteile oder Schäden, die aus den im Buch gegebenen praktischen Hinweisen resultieren, eine Haftung übernehmen.

GRÄFE UND UNZER

Ein Unternehmen der
GANSKE VERLAGSGRUPPE